ホワイト・イーグル

自己を癒す道

桑原啓善 訳

ワンネス・ブック シリーズ6

付・静寂の心

Heal Thyself

White Eagle

"HEAL THYSELF"
"THE QUIET MIND"
WHITE EAGLE

"Who is White Eagle?"
Grace Cooke

"Who is White Eagle?"
Jenny Dent

本書は『自己を癒す道』の書名で、昭和六十三年に㈱コスモ・テン・パブリケーションから発行されていましたが、このたび「ワンネス・ブック　シリーズ」の一冊に加えるために、新版としてでくのぼう出版社から発行いたしました。

旧版の訳者序

『自己を癒す道』は、昭和三十九年に私がその一部を抄訳し、当時の心霊研究者達の研究資料として配布しました。それはホワイト・イーグルという優れた霊界通信の存在を日本の識者に紹介するためでした。ところが意外や、この通信を読んで病気が治ったとか、魂が救われたという人が続出して、また医師の中には、これを患者に読ませせて顕著な治療効果を上げている人もあって評判となり、初めのガリ版刷りが次々増刷されて人手に渡っていきました。そこで今回、これを全訳して翻訳し直し、広く人々に読んで貰えるようにした次第です。

病気の多くが、心因によるものであることは、今日医学でも認められてきました。ノイローゼやうつ病など神経性のものだけでなく、胃潰瘍や心臓病や肝臓などの内臓疾患にも心因があると指摘されています。実はそれだけでなく、まだ医学では知られていないが、癌に至るまで精神的なものが原因となっていることが多いのです。まさに病気とは「気を病む」ことから起こっています。特に現代のストレス社会では、そのために病んで、その原因が除去されないために、不治、慢性、または死に至る人も多いわけです。

それで、その原因を霊的なものに求めて、霊術者や霊媒や、病気治しを売り物にする宗教に救いを求める人が増えています。事実、病気の大部分には霊がかかわっています。医学では認められていないが、病気の裏を返せば、成仏していない近親者の霊や、怨念をもったいわゆる因縁霊が、感応・憑依していることが実に多いのです。これを除けば病気はたちどころによくなります。近時の医学が認める心因のもう一つ奥に、実は霊魂の感応や憑依があるということです。

ただ一つ、読者の方々に重大な認識をもって頂きたいことがあります。心因といい霊の憑依といい、その原因は自己の魂にあるということです。心が迷っているためにストレスが起こり、良くない霊魂を招き寄せているということです。病気の原因は心の迷いが真因です。自分の心の迷いを晴らさずに、ストレスは解消しにくいし、霊魂はかりに他力的に除霊してもまた戻ってきます。実は、病気とは自己の心の迷いから起こり、心の迷いを晴らした時に消える、そういうもので

す。つまり、人間とは魂の進歩のために病気をし、魂が進歩した時に病気が消える
そういうもののようです。すなわち、病気とは魂の進歩のためのステップ、人間
とは魂の進歩のために地上に生をうけているということです。この生命の真義が
分かる時、病気は消えるのです。

ホワイト・イーグルは右の真実を、人間とは何かとか、生命とは何かとか、ど
んな気持ちを持ったら魂の進歩があるのかと、優しく真実の言葉で語ってくれて
います。これが優れた治病の書であるということは、優れた魂を癒す書であると
いうことです。

さて、人間の病気とは、身体を病む、そのことだけではありません。事業がう
まくいかない、家庭がうまくいかない、事故にあう、これらも同じく病気です。
なぜかというと、心の迷いにその真因があり、それが原因となってそういう形を
とりながら現れているからです。病気と事業不振と家庭不和と事故は、いわば症
状の違いだけなのです。もちろん、自分の魂の欠陥（心がけの欠点）が引き金となり、
身体に影を落としたら病気、対人関係を損なえば家庭不和や事業不振、この間に

心の欠陥によって招き寄せた霊魂の働きが加わって、さまざまに違ってくるのです。事故はこの霊魂の作用が直接現れたものです。このように人生のさまざまな不幸は、自己の魂から起こった病気です。従って、ホワイト・イーグルの「自己を癒す道」とは、病気だけでなく、人生百般の病気を癒す処方箋であること、ご理解いただけましょうか。

余計なことかもしれませんが、人類の上に起こる戦争、公害、生態系破壊、経済の不振等々、これは人類が病んでいる病気です。人類の現在もつ総体的な魂の欠陥から、これらが起こっています。本当の平和とか、搾取や差別のないみんなが繁栄する社会というのは、人類の魂の治癒がない限り決して起こらないのです。ですから、ホワイト・イーグルの「自己を癒す道」とは人類を癒す道でもあります。

ホワイト・イーグル・ロッジは来たるべきアクエリアス黄金時代への道を開く使命をもって存在しているようです。そのために、ホワイト・イーグルとその霊媒グレース・クックは、過去幾多の再生を繰り返しつつ今日に備えてきたようです。これは「白色同胞団」すなわち、人類の魂の進化を司っていると考えられる神庁、その計画の一環のようです。ですから、本書『自己を癒す道』に限らず、イーグルの教えは、『シルバー・バーチ霊言集』や、S・モーゼスの『霊訓』などと一つの、新時代の啓示運動と受け取って下さい。なかんずく、本書に収めた『静寂の心』は、ホワイト・イーグルの言葉の中から、その珠玉を集めたものです。これも魂を癒す大きな支えとなることと信じます。

巻末の「ホワイト・イーグルとは誰か」は、読者のイーグルに対する理解を深めるために付け加えました。ジェニー・デントとは、イーグル霊の受信霊媒グレース・クック女史のお孫さんで、現在ロッジの仕事にたずさわっています。

訳者　記

本書はアクエリアス黄金時代実現の使命を帯びて活動する古代霊ホワイト・イーグルの霊示を、五十年にわたりグレース・クック女史が受信しつづけた中の珠玉の二冊を収録したものです。

自己を癒す道

Heal Thyself

はじめに

本書は病気治療の根本を解き明かしてくれます。これは年月をかけて検証され、明らかとされた治癒の道です。およそ半世紀の間、ホワイト・イーグル霊はグレース・クック女史を通じて、肉体および精神の治癒を行ってきました。また、治癒法の教示を行ってきました。私どもはその間、無数の奇跡を目にしております。それは肉体の治癒だけではありません。人間の生き方が変化するのです。ですから、私どもは、病者がその指示に従うなら、その人の人生が一変することを承知しております。

皆さんが、この教示が伝えられた場所を想像なされたら、この教示の精神の中に、とりわけ本書が目的としている教示との一体化の中に、皆さんは入りやすくなりましょう。

静かな寺院を想像なさいませ。清らかな白壁と簡素なたたずまい。青い紫の壁を背にそびえる真白な祭壇。明るく燃えるろうそくの火と花々。そうして、アイオナ島の聖ヨハネ十字架の、かしの木の複製。かの祭壇の上の白鷹（ホワイト・イーグル）の象徴をご覧下さい。その翼に光がそそぎ、祭壇に光はあふれます。

「自己を癒す道」

ホワイト・イーグル霊がおもむろに口を開き、教示を伝え始めますと、私どもは言うに言われぬある種の力がそこに臨在しているのを感じます。それに耳を傾けていますと、悩みも取越し苦労も、身体の病いも消えていきます。精神が生き生きともえ立つようで、しばらくの間、至高の世界に息づきます。おそろしい愛の洪水が私どもを包みとっているのです――それが愛、癒しの力です。

第一章　生命を与えるものは霊

I

我らは愛と希望の通信を伝えるために、霊界から下って来ました。人々はさまざまの苦しみにうちひしがれています。ある者は肉体の痛みと苦しみに、ある者は心の懊悩に。あるいは恐怖と怒りと取越苦労のために、魂までも傷めている者もいます。しかし、これは試練です、天界に入るための、美と喜びの国に入るまでの準備であり教訓です。我らはこのように伝え、人の心に慰めと生命を吹き込むために下って来たのです。

我らは人をとりこにしている失意、恐怖、苦難を知らぬではありません。我ら霊の目からすれば、皆さんはテストを受けているのです。いや、我らとて肉体が常に思うようにはいかぬこと、健全ではないことを存じています。物質界の生活とはままならぬものです。我らが地上の事に不感性だなどとはお考え下さるな。波長を人に合わせさえすれば、その心が読めます。悩みも苦しみも手に取るように分かります。しかしながら、我らは皆さんにこう告げたい。皆さんの内部には肉体を支配できる生命があります。努力さえすれば、その生命が発現できるのです、その道を伝えるために我らは来ました。

Ⅱ

人間の全人生は神法によって支配されています。肉体をまとっていれば、苦痛もありましょう。しかし、勇気をもってこれを耐えて下さい。決してこれに敵対する気持ちでなく、それから学び取る態度で処理して下さい。苦難は試練です。それは神が与えられたのではありません。天地の間には、因果の理法というものがあります。人は毎日種を播きます。今日の貴方は、自分の播いた種の結果です。神を恨んでも人を恨んでも益のないことです。

しかし、神はこの煩いをいやすために、人に一つの道を与えておいでになります。主キリストはこの道を次のように申しました。「お互いに愛しなさい」と。愛することは神法を全《まっと》うする道です。

愛は法です。生命です。人がこの法を働かせさえすれば、人生は一変し、すべてが良くなります。貴方が人を愛するなら、貴方はキリスト神霊と直接つながり、闇が消えます。

Ⅲ

我らは、皆さんが肉体の中にあっても、そのくびきから解き放してあげたい、生命の輝きの中に出させてあげたい。

だが、誤ってはいけませんぞ。地上の生活とは価値あるものです。かけがえのない経験です。ですから、自然の法に調和して生きるようにして、肉体を健康にしておかねばならないのです。心弱くして法を破れば、人は苦しみを受けます。肉体は神からもらったものです。敬意と配慮をもって大事に取り扱わねばなりません。何ごとも愛することは、人を完全へと進化させます。ですから、貴方の肉体を愛しなさい。過労はいけません。緊張しすぎてもいけません。食い過ぎも怠けすぎもいけません。肉体は内在の神性の乗り物です。これあればこそ、他者への奉仕が可能なのです。人は自己の肉体を大切にする厳粛な義務を負っています。優しく賢明にいたわり、浄化させる責務を負っています。これこそ内在の神のお社ですからね。背を向けて知らぬ顔をしていいものではありません。肉体の中には、光のエネルギーと闇のエネルギーとが作用しています。もし、人が愛によってその意志を働かせれば、人は細胞の一粒ずつにまで、神の光を顕現することが可能です。

貴方は霊です。本当の貴方である意識とは、霊なのです。この自覚を、瞑想と祈りで、しっかり植え付けていけば、貴方の霊は肉体原子を支配するようになり、肉体は生命で光り輝きましょう。肉体の微細な部分までが、本当の貴方である霊の統御に服します。

Ⅳ

物質の世界しか見えない状態で生きている間は、箱の中にいるようなものです。暗い窓から物を見ているようなものです。このため疲れもするし、また救いや心の安らぎが欲しくなります。それで、皆さんは大地の限界を越えたくなり、霊界をのぞいてみたくなるわけです。霊界は遠くにあるわけじゃありません。そこが貴方の故郷、貴方が肉体に宿るために出て来た家です。

我らはその霊界から、許しを受けて皆さんのもとへ来ています。皆さんの気力を高め、心に安心を、肉体に活力を与えるエネルギーを皆さんにお届けするためにです。

しかし、我らが皆さんにエネルギーを持って来る、それだけでは駄目です。皆さんの方で真実の生命を理解し実現しようと努力してくれなければ。皆さんは目に見えない生命や、見えない力を信じておいでだ。この力こそ痛みを癒し、苦痛をやわらげ、不調和も悩みも治してくれます。しかし、これには通り道が必要なのです。皆さんの方で、この聖なる治癒力が入っていけるように、肉体も心も魂も準備して貰わねばならないのです。人によっては、自分が霊であるという根本真理も理解しないで、ただ治して貰いたいという人が沢山います。本人の魂の協同がなければ、肉体の根治はありえない、これが神法です。病気を治したければ、まず自分の務めを果たさねばなりません。病気とは魂が教訓を学ぶためにあるのです。このことをまず知ることです。何のために病気や不幸があるのか、この目的をわきまえることが本人の務めです。ですから、よく心にとめて頂きたい。本人のカルマ（宿業）はそれが何であろうと、本来善です。神法が仕組んだ本人の霊性進化のためのチャンスです。病気はどんな病気でも、原因は一つです。これを癒す力は同じものです。

神はいろいろの方法で奇跡を行い給う。いろいろの道を通って病気を癒し、生命を回復し、目を開き、人格を啓発し、ついには人の魂に神の栄光を顕し給う。

V

人間とは肉体ではない。肉体とは貴方がまとっている衣服にすぎません。時が来れば、人は着物を脱ぐように肉体を去ります。本当の自我とは内部にあります。肉体をまとっているだけではありません。もっと別の媒体もまとっています。エーテル体、情緒体、精神体などです。人はこの外衣を次々と脱いでいきます。そうしてこれら諸媒体の最も核心に、光明であり至純にして聖なる、神の子が鎮座しています。それはまだ芽にすぎませんが、育てば、完全人・神人となるものです。

それは至純の霊です、全《まった》き愛です。人がこの内在の霊に目を向ける時、神の治癒の手が流れ入る口が開かれます。これはいろいろな形で現れます。痛みが奇跡的に消えてしまうことがあるかもしれません。ですが、それは肝心なことではないのです。病気とは魂の不調和が原因で起こります。ですから、肉体を癒すには、魂に手を加えねばならないわけです。場合によっては、肉体の方にはほんの少しほころびの手当てをするとか、一時的な援助の手を加えるだけにしておきます。霊癒とは肉体に働きかけるだけではありません。魂もその人の生命をも癒すものです。こうして、神の手が、霊癒のエネルギーが、徐々に病者の肉体と魂に浸透していきますと、病者は真善美を選び、寛容と忍耐と信をもつようになります。これは唯、神の治療力を、心から信じる魂にのみ、徐々に現れてくる効果です。

Ⅵ

霊は肉体、すなわち物質の波動を変えることが出来ます。人の心は霊が流入する受容器です。霊とは言葉をかえれば愛です。人間は決してこう考えてはいけません、自分は人間だから、神の至聖の愛に感応することは出来ないと。人は人です。しかし神です。イエスは人間でした、しかし、内在の神性で光り輝くことができました。

　イエスを通じて現れた神はこう言われました、「われは復活なり、生命なり」と。もし、人がこの世の生命であるキリスト（太陽神霊である神）を求めるなら、そこに病気の根治があるのです。神はいのちです、生命力です、生命を与える霊です。神は人間の心と魂を通じて、そのエーテル体の中に流入なされます。エーテル体は光の媒体と呼ばれることがありますが、これは、生命力が肉体へ入っていく通路です。決して俗心によって、この媒体を曇らしてはなりません。エーテル体は人間の霊衣なのですから。人が真実に人を愛することを学ぶようになれば、エーテル体は光明の媒体となり、肉の衣を通して光り輝き、肉体に生命と健康をもたらします。また、その肉体を通して――つまり貴方を通じて――貴方が接するすべての人の魂に生命と力を与えます。それはまた貴方に返ってきて貴方に祝福をもたらします。

　聖なる生命と絶えず接触を求めなさい。祈りと瞑想を通じて、内的世界を知ろうとしなさい、霊の美しく喜ばしい生を求めなさい。愛なる神、黄金の光に近づきなさい。つつしんでその賦与する守護を受けとりなさい。

第二章
内在の霊を顕現せよ

I

我らは口を酸っぱくして申し上げる。神が災禍を与えたのではありませんぞ。人が自分で創った災いを、神は本人のためになるようにと善用なさっているのです。状況が変れば、大地の要素が変化すれば、生命の種子は芽を吹き、根を張り、やがて花を開きます。

水面に頭をもち上げ、陽光の光と熱に花開く水蓮は、深く根をとり池底の汚れた泥から出ています。人間の生命とて同じことです。しかし、人が完全を望むなら、自分が育った泥土や根のことは忘れることです。ひたすら光に目を向けなさい、貴方が伸びている方向へ、神である美と力の方へ目を向けなさい。

病気の時、疲れた時には、神を求めなさい。光の方へ目を向けておきなさい。貴方の魂の中に、神の愛を、神の力を、神の美を引き寄せなさい。

神はどんな人の人生も、計画に向かって進むようにしておられます。いちばん肝心かなめなことは、自分を神にしっかり結び付けておくことです。そうすれば、何ひとつ貴方は誤ることはない。どうしようこうしようと迷うこともなくなります。貴方の決断一つが貴方のためになるのです。だがそのためには、霊に目覚め、霊的に進歩しなければなりません。そのとき、心の中の神の声、全能の導きに従うものとなるのです。

貴方の胸の中には、不滅の燃える火があります。これぞ聖杯（訳者注・キリストが最後の晩餐で使ったといわれる杯、心が純潔な者の目にだけ見えるといわれる）。その火の光輝は貴方から出るもの。

この光明を貴方の心の中にしっかりと燃え立たせなさい。しつこいほど我らがこれを繰り返すのは、人生において救世主とはこの他にないからです。人生には人の心をねじ曲げたり、感情を乱したりするものが多くあります。しかし、心して思いをここに向けられよ、貴方の内部には光明がある、神がおいでになる。これこそ、貴方の心、感情、肉体、物質的環境の一切を支配する全能の力なのです。

Ⅱ

もし、人が人生のごたごたや煩いから、意のままに、魂の平和の中に入ることが出来るようになれば、俗世の難事は何ごとによらずこれを統御する勇者となりましょう。人にはすべて悩みや心配ごとがあります。これはすべて自分が創り出したということを、一向に人は理解していない。また、自分の内部にこれを克服する力があるということも、分かっていません。

皆さんの中には、心配事がなくなるようにと、熱心に祈る人達がいます。また、人はみな光明を、霊的な喜びを希求しています。しかし、人の目が開かれ、天界の真理が分かるようになるのは、世の荒波で鍛えられるからです。このことが人には一向に分かっていません。この経験を経なければ、人には何も見えず何一つ分かりもしません。ですから、神に感謝なさい、自分の苦難と痛みに感謝しなさい。それが貴方の魂を鍛えてくれます。遂には、天界の美を吸収し味わう者と貴方はなります。それはこれによってです。

世を渡るにつけ、あの静寂の時を忘れぬことです。貴方が深奥の心の聖所に在った時です、貴方は霊力に触れました、天使の翼に触れました、あの時です。どんな俗事でうちひしがれる時も、貴方を離れることのないキリスト神霊の、あの甘美の気配をしっかり離さぬことです。世のごたごた、利己主義、無知、このような世間はあるがままに捨てておきなさい。そうして、心にしっかり天界の甘美を抱いておいでなさい。お互いに我らは辛抱が大事です。故に、周りの人達に寛容でありなさい。同胞たちに善意をもって向かいなさい。これが見えない世界と天上の生命に、目を開くための門です。

キリストは心静かに神の中にあって生きるようにと教えました。それ以上の生はありません。人間として出来ることを尽くしなさい、それ以上の必要はありません。一時に一つの事を、心を静めてするように、そのように自分を作っていきなさい。出来ないことは神の御手の中にあります。神がそれをはからって下さいます。神が人に期待なさることは、ベストを尽くすことです、出来る限りの調和と愛の心をもって。

心静かにベストを尽くしなさい。そうすれば、神法と一致して動いていることになります。神法は「くねった道を真っ直ぐにします」、調和をもたらし健康を生みます。

Ⅲ

もし、健康で幸福でありたければ、まず目を神に向けなさい、霊に向けなさい。肉体は苦しみ、物質的なものが心を打ちくだきます。悩み事はむらがり起こり、人を圧倒します。しかし、これらは幻影です。時至れば、このことの真実が分かります。かりに今は分からなくてもです。霊の目から見て、我らは皆さんに伝えます。地上のことはすべてこれ幻影です。唯一にして真実なるものは、死んでもなお残るものは、貴方の内部にある神の霊です。貴方は霊です、神の子です。貴方に向けられている神の愛は人間の理解を超えています。神の愛は一切を包んでおり、貴方がこれから目を放さぬ限り、貴方を見捨てることは絶対にありません。神愛は貴方を支えます。人生の貴方のどんな局面においても。もう言わずもがなですが、貴方が受ける肉体と物質生活の試練は、その経験から知恵を学び取るためにあるのです。神は宇宙の大建築士です。自分の素材に破壊などを加えられましょうや。真理の法にのっとって建築をすすめておられます。人生の神殿の石は、正しく完璧に真実に重ねていかれます。

Ⅳ

先師はこう説かれましたな、人は霊である、霊は肉体の主であらねばならぬと。また、こうも教えられました、神は全き愛であり、子である人間に心をかけておられると。この真理をしっかりと自分のものにしなさい。その時、現世においても霊的生命においても「良い果を生みます」。また、肉体を通じて神の栄光の幾ばくかを顕現するものとなりましょう。神法はあざむくことがありません。事がすぐにそうならないからといって、がっかりしてはなりません。疑念をもってはいけません。もてば、すぐに否定的な勢力に力を与えることになりますから。どんなに試みにあっても、真理を手から放してはなりません。人が貴方を嘲笑しても、世間は霊的生命や霊力には無知であることを思い出しなさい。自らの戒めを守りなさい。自己内在の霊的生命と力、すなわち生命である神に信を置き、ゆるがしてはなりません。この内的な光への確信をしかと守れば、この光は光を増します。この光によって貴方は導かれ、調和を克ち得ます。この道こそ、肉体と心を共に癒す道であります。辛抱しなさい、皆さん。そうすればこの地上に在って、完全な生命の果を手にできますぞ。

V

我らが皆さんに望むことは、世俗を忘れること、肉体を忘れること。そうして、自分が神の分身であると悟ること、これです。貴方は霊です。貴方は物質界よりも優れた霊の世界に生命を持っています。常に常に霊的生命に触れなさい。現実の生活に、神のものである、貴方の真正の霊性、そのもつ美と優しさを持ち込みなさい。主イエスはこう申された「天にまします父が完全であるように、貴方も完全でありなさい」と。その意味は――貴方は神につながって完全なものだと（心の真底から）知りなさい、そういうことです。イエスは申されました「私と父とは一つである」と。この真理の道に従うよう、イエスは地上の同胞たちに教えているのです。すなわち、人々と父とが一つであること、神があらゆる生命の創造主であること、このことを知るようにと。イエスは、神が貴方の中にあることを知って貰いたいと思っているのです。貴方の内部には地上で完全な生を生み出せる力があるということ、父と一つである貴方の内の完全な霊、これが分かればですね、これがイエスの願いです。

第三章
創造的な念

I

皆さん、我らが先に述べた、病気の原因と治癒の源泉を思い出して下さい。また、日常の皆さんの思念には、創造するものと破壊するものとがあることを、思い浮かべて下さい。思念や生活の中に調和が欠けていれば、病気となります。調和があれば健康をもたらします。それゆえに、怒り、恐怖、人の悪口はこれをつつしむことです。善への思い、神への思い、そういう明るい思念を守ることです。そのとき、光が貴方に流入します。

物事がそんなに大きな力をもつでしょうか。物質生活上のあれこれが、身のまわりで荒れ狂うことがあるかもしれません。だが、それらは貴方の神殿に立ち入ることは出来ません。貴方が入れさせさえしなければ、内在の聖所に入り込むことは不可能です。

この世には、本当に人間を傷つけるものは何もありません。霊性進化を目指す者が、先ず学ぶべきことはこのことです。肉体のもつ自然の本能は恐怖です。しかし、内在の神性がこう教えてくれます、いかなる害も真実の自己を犯せるものではないと。この想念が日常のものとなるまで強めなさい。なにものも貴方を犯すことは出来ません。恐怖のほかに、どこにも恐れるものは存在しません。神への信が固ければ、白光が人の内部に流れ入ります。こうして闇が消えます。神は愛です、その中に、心静かに安心して住みなさい。生命はすべて神から出ています。生命は愛にくるまれています。この愛こそ至尊にして欠けることなき幸福です。

Ⅱ

暗いものに心を向ければ、その暗いものが生気をもちます。それから心を離せば、その暗いものは生気を失い、次第に死にます。人はこう言います、「私は真実なものに背中を向けるつもりはありません、それに真向かわねばならないのです」と。ですが、皆さん。真実なものとは光です。真実なものとは常に前向きのものであり、善であり、純潔であり、真です。真実ならざるものとは、いわゆる悪です。ですから、常に善に、美に、愛に心を向けなさい。

イエスと弟子達が、死んだ動物の傍を通り過ぎた時の話を覚えていますか。弟子達は死体を見て怖れをなし、叫び声を上げました。イエスはそこに何も嫌なものは見なかったのですね。彼は言いました「何と歯の白いこと」と。

何事も、そこに美しいものがあります。それを見なさい。それだけを思いなさい。人生に対するこの美しい態度があれば、聖なる力が通り易くなります。不思議な治癒力がそこに働きます。

III

心が落ちこんだり、恐れや心配事があれば、人はこう言います。これが人間の常だと。しかし、真実はそうではありません。それは自分でそういうものを引き付けて、そういう気持ちになっているだけです。人間とは磁石のようなものです。人は光の天使を引き寄せもすれば、闇の天使と破滅をも引き寄せます。心つつましく、神に仕えようと真実に望む者には、光の天使達がそば近くへ来ます。

人間生命の目的は、自己神性の自覚を成長させることです。この自覚の道は、自分の気持ちを光明の世界へ倦まずたゆまず向けることです。倦まずたゆまず、神の創造力と建設のエネルギーへ向けて、自らを開いておくことです。

科学的な事実を学んだり、心霊的な知識を身につけることも、そのための方法です。ですけれど、自分の心霊的媒体に光の原子、つまり建設的な神的原子がつくられていないことには、人は思うように生命に仕えることはできません。そのためには、一つには心で知ることです。もう一つは内的自我で悟ることです。この内的自我で悟れば、心に自然に善意が湧き、善行を行います。すなわち、愛であり、建設的であり、それゆえに世界と肉体の生命波動を高める光明エネルギーが油然と湧き起こるのです。

繰り返し言うことですが、あらゆる事は帰するところ、貴方の喜びと平和と幸福のためにあるのです。だからといって、祈ってるだけではいけません。生活実践をしなければ、また、毎日内的交流を心がけねばなりません。内的交流のことはご存知と思います。だが、現代生活は多忙すぎるために、この内的交流の重要性や必要性をなおざりにしています。すなわち生命の糧を絶っているわけです。人は、世のため人のための愛の奉仕と、この内的交流の二つによって、自身の中に光の分子を建設します。また、闇をとかして、自己の内と外にうごめく破壊的エネルギーを超克します。これこそ、暗く重い鈍重な物質の金属を、霊の純潔な黄金に変化させる秘密です。

Ⅳ

善い想念をもつよう、たゆまず努力を重ねること、この重要性を重ねて強調しておきます。何といっても、この善い念が人間の心霊体を建設するだけでなく、肉体の浄化もするのですから。

正しい想いは神に基づいています。神の想念なのです。今日人が考えたこと、それが明日その人です。人は毎日自分の身体を作り変えています、その人生を、その魂を更新していま す。また、想念によって自分の霊格を築いています。正しい念、神の想念をもつには自己鍛練が必要です。これは大抵の人には難しいことです。しかし、お忘れなさるな、うまずたゆまず続けることの大切さを。目標を見すえて目標に向かって堅実に進む人、このような人に完全な健康と幸福とがあります。

人生は神的想念の中で生きるべきものです。善を求めなさい、善を信じなさい、善を信念としなさい。隣人と世の中に対する慈愛を、決して忘れてはなりません。貴方はその結果を握ってみて、必ずや驚くでしょう。

もし、痛みや苦痛を覚える時は、これにとらわれてそれを大きくしてはいけません。むしろ、心を切り替えて正しい念、神の想念をもつようにすることです。これが治癒の福音です。しかし、我らには分かっています。人の日常がそこに至るまでには、まごついたり混乱したりするだろうということを。

V

明るい善念で生活をしていれば、すなわち、内心からわく神の子の心で生活をしていれば、波風はなく、平和で幸福で、調和に満たされています。何ものもこれを犯すことはありません。優しい美しい調和がそこにあって、万事が新鮮で、完璧です。反対に、不統制で無秩序で不幸ででたら目な生活というものは、暗い想念である破壊的エネルギーの結果です。なお、十字架の上でイエスはこう申しました、「父よ、彼らをお許し下さい。彼等は何をどうしてよいか知らないのですから」と。混沌を生むのは無知のゆえです。無知そのものが混沌です、無明の闇です。人がもし真剣に知ることを求めるなら、必ずや英知と調和への道が開かれます。

人の心の中には神性の種子である霊があります。この霊によって想念がすべて導かれれば、すなわち、想念が神に向けられ統御されていれば、必ず正しい行為を目指す本然の想いが起こります。想念が正しければ、行為は正しいものです。正しい行為とは神の行為です。

善を思いなさい。悪と一切の否定的なことを避けなさい。神をのみ求め、善を願いなさい。

Ⅵ

重ねて言います、平静さを養いなさい。人によっては難しいでしょう。いろんな想念がオーラに飛び込んできて、ぐらつかせ、時には嵐の海のようにもしますから。しかし、努力すれば、平静であり得るし、また、そうなります。大師は長期の修練で、思念の統制が出来ているので、群衆に満ちた建物に入っても街路を歩いても、どんな悪い想念に左右されることもありません。丁度マントをすっぽり被ったようなものです。だが、こういう思念の統制は一瞬に、いや数週間や数ヶ月で出来るものではありません。長い年月にわたる強い意志による忍耐と努力、これによって出来るものです。

まず第一段階は、自分のオーラに建設的な原子を引き寄せることです。そのためには、絶えず断固として、破壊的な悲観的な、特に怖れの思念を、寄せつけぬことです。そうして、忍耐づよく全き善意に心をつなぎとめておくことです。これで貴方のオーラには明るい建設的な原子が引き寄せられ、身のまわりに強じんな保護の包皮が形成されます。この包皮は不透明なものではありません。つまり透明で光を通します。ですから、貴方の内部に集められた光がオーラを通して光り輝きます。人は貴方からにじみ出る温かさと親しさ、力や喜ばしさを感得します。

もう一つ、世の騒音から解き放してくれる方法は呼吸です。細く長いゆっくりした呼吸をすることです。不快な感情は一切捨てて、できるだけ深い呼吸をします。ゆっくりと深い呼吸をすれば、いらだった波動がおさまって、オーラに保護力がつくられます。

この次、人混みに入ったり、群衆の想念や感情でごたごたしている時に、自己を持してゆっくり静かに呼吸してごらんなさい。湧き出る内的な力にびっくりするでしょう。

人によっては、次のようなこともあります。光る星を心に描いてそれに心を統一すると、不安な心が静まるのです。また、自分の大師の姿を心に描くのです。優しく愛に満ちた天上の光に輝く全身像を描いてみるのです。このように自分の最愛の友や師の姿を描いて、それに心を集中するのは良いことです。それによって、自分の日常生活に、完全人の要素が表現される一助になりますから。

Ⅶ

瞑想の時、どうしたら雑念を静めることが出来るかと、質問する人がたくさんいます。一番よい方法は雑念にとりあわぬことです。それを気にしないことですね。それより、内在の神に心を集中することです。この集中で心は深く強まり、少々の雑念などは消え失せ、神に向かう強力な祈りの力の前になすすべもないでしょう。自己の全存在を神に集中すれば、他に何も望むことはなく、しみじみと神の愛がその人の心を満たします。神に向かう心と一つになり、力と光がその人を満たすなら、他の一切は脱落し、人は神光に輝く生命力そのものとなりましょう。

人とつき合う場合も同じことです。ちょっとした行き違いや問題がある時、それにとりあわず忘れた方がよろしい。反対に、内在の神性の力に心を向けていれば、つまらぬごたごたは消えてしまいます。悩んだり大騒ぎしたりして、時間を浪費しているわけです。ちっぽけなもぐら塚を、大きな山にしてしまっているのです。相手が悪いのだからと、仕返ししたい気持ちになったら、次の言葉を思い浮かべなさい。「自分が正しいなら、その報いは必ずあるもの、こう主は言われた」と。安んじて身を神に任せていればいいのです、神法の働きに。

皆さんの隣人達もみんな同じように、生活のいろいろな問題で心を惑わしています。それは自分でも理解できない欲や感情で、戸惑いしているのです。みんな誰だって一生懸命です。そこで、皆さんは物事の背後を見るように自分を訓練しなさい。そうすれば、奥深く隠れている真実なものが見えてきます。求めさえすれば、それは手近にあります。このことを心にとめておけば、貴方が静穏に、愛深く、親切な心をもって生きる助けとなりましょう。

同時に、物質や他人に頼って、自分の幸福や平和をつかもうとしないことです。カルマ（宿業）とかごたごたを超越して、永遠の霊に目を向けることです。

神に心を注ぎ、自己の深い自我の真性を目覚めさせる時、人は最高の善を行っています。それは、最も美しい最も真実な道に立って、努力を払っているのです。人が神と愛に同調していれば、自分に逆らうものに何一つ心を煩わす必要はありません。それらは自然に正されるからです。

第四章

神法と苦痛の解消

いずれの魂も、早晩、神法に身を委ねることになります、愛である神法に。この物質界だけでなく、彼方の世界、宇宙空間のすべてを支配している神法に。何一つこれから逃れることは出来ません。法とは神です、人間と宇宙生命の歯車を廻している原動力です。難事があっても、心を神に従わせれば、難事は氷解します。神、そうです、息であり生命でもある宇宙の大神霊にです。貴方がそうすれば、問題は自然に解決します。困ったことがあったらこれを実行しなさい、狂いなくその回答が得られます。

我らには皆さんはすべていとしい。我らは皆さんを見守っており、皆さんの問題は何事によらず知っています。だが、我らは皆さんのように、みそもくそも一つにそれらの問題を見てはいません。皆さんの魂を導くことこれが我らの仕事です。地上の落胆とごたごたの彼方にある光明と平和の世界に、皆さんの目を向けること、これが我らの仕事です。皆さんの悩みが何であろうと、神はそれについてのご計画をお持ちです。しかも、人間のカルマ（宿業）には狂いのない正しい働きがあるのです。このことを心にとめなさい。それと同時に、新しく悪いカルマを作らぬことですな。人は絶えずカルマを作ってはおります。ただ、心してもらいたいのは、貴方が昨日したことは、過ぎたことです。今日貴方がすること、毎日貴方がすること、それが未来を作ります。貴方は地上での貴方の環境と、他界で貴方が入る世界を、いま作りつつあります。貴方は良いカルマの種を播いて、明日、黄金のみのりを手にすることが出来ます。貴方は一日一日、霧を出て黄金の都市の方へ歩いて行くことが出来ます。

これは夢ではありません。かつて、もう人の記憶から消えて久しいが、そういう人達が支配した栄光の町々が存在しました。皆さんには、この栄光の都市を再建する力が備わっているのです。光の中で生きなさい、神の愛と奉仕に生きなさい。

Ⅱ

悲しむ者、迷える者、我らはこれらの人達を慰めたい。どうしたら、神の愛と英知を、いちばんよく届けることが出来るだろうか。皆さん、すべてのことが善へ向かって働いています。神法がすべての生命をひたしていて、無知と闇からよいものが生まれています。人間の霊的成長のために、狂いのない慈悲の計画が存在します。もし未来を思い煩うなら、我らは次のように保証しておきましょう。万事よくなります。挫折と災いの中に賢明な目的が存在します。

前にも申しました、我らには人間が生きる悲しみが分かっています。我らもそれを耐えてきたのですからね。我らは人間生活の心痛、失意、疑念や恐ろしさ、みな承知しています。しかしまた我らは、人間の努力の背後には、善意と好意のたゆまぬ思念によって点せられる希望と光明があることも知っています。我らは承知しています、愚痴や憂うつや恐怖の想念が人の霊衣を灰色に闇の色に織りあげていくことを。こうして光である霊そのものが黒ずんでいきます。我らは知っています、これとは反対に、建設的な想念が霊の光を燃え立たせていくことを。

どんな魂にも悩みはあります。しかし、正しい目でこれを見てみれば、そこに新しいものの誕生があることが分かります。制約と災いを通って、魂は聖なる生命と光明の中に入ります。それは丁度、昆虫がさなぎから、日の光の中の美しい羽をもった生き物になるのと同じことです。

事実、生命はカルマの法（因果律）に支配されています。しかし、カルマの法は慈悲の法です。それによって、終局においてあらゆる魂は無尽の至福に入るのです。

賢者は、なに一つその心を乱すものがない。世のお世辞にもそしりにも心を動かさない。生者にも死者にも悲しみを示さない。彼は知っています、神法は正しく完全で真実であることを。また、それは人生の一つ一つの事にまでしみ通っていることを。決して、自分の運命を不足に思ったり、愚痴をこぼしてはいけません。もし、人が自分のカルマを進んで受け入れ、そのおかげでたくさん得るものがあることが分かれば、これまでにも増して格段の幸福を握るでしょう。

Ⅲ

神界の美が見えない肉体に包まれた生命の悲しみと苦難は、我らにも分かります。暗闇の中を歩かねばならないその苦しさ、我らにも分かります。神の愛を信じ、永遠の手がそばにいつもあると信じ、地上の経験はすべて聡明な目的をもつと信じつつ、しかも地上に置かれた自分の環境を甘受せねばならないその辛さ、ようく分かります。これは容易なことではありません。そこで死後光明の世界に入った霊魂は、地上の苦しさ、悲しさ、幻滅が分かっていますから、もう一度地上に戻って手助けしたいと思うのです。彼等はこう教えたがっています、皆さんの内部には力があること、及び死後の世界の美しさと楽しさ。また、彼等はこう告げたがっています。どんな努力も無駄に終ることはない、今はその結果が見えなくても、他日、その大きな価値が判明すると。されば、己が道をうまず進みなさい。この道こそ天国へと続いています。皆さんの夢想を越えた至福と平和の生命につながっています。

「なるほど、結構なことだ。おっしゃること信じます」、皆さんはこう言います。「だが、その先の約束というのは、現在の私達の問題や苦しみにどんな効果があるのですか」皆さんはこう言います。皆さん、我らは皆さんが目指して進む道を指示しているのです。皆さんの目がしっかりとそこに定まっていれば、隣人に対しても日常の苦難に対しても、心の置き場気持ちの持ち方が一変するのです。ご承知でしょう、永遠の光こそ物事を解決するための偉大な特効薬です。しかるに、世俗にまみれた低次の心は、この光に触れると、心しなえてしまうのです。こうして、人は、光明であり歓喜であり静穏である生命に向かって志向を燃やす努力をしません。

我らは皆さんに真理を申し述べよう。自らを愛しなさい、自らを燃え立たせなさい、神の方へひたと目を向けたままで。これで一切の貴方の苦難は消えます。すべては束の間のことです。どんな障害も貴方を越えることは出来ません。最善を尽くしなさい。明日のことを思い煩ってはいけません。もし天なる父が空をとぶ雀を養い、皆さんの髪の毛一本すらご存じなら、父はまた皆さんの霊の欲求をご存じです。神は見捨てることをなさいません。

地上の人は厚い霧の中で生きています。この霧は霊的な太陽と天界の風によらねば、散らすことは出来ません。人の内部には一つの火が燃えています。この火は今はたよりなく弱くなっています。貴方はその火をかきたて燃え立たせ、地上の霧を吹きとばせる唯一人の人です。貴方は天界の風です。一切の霧を吹き払い環境を浄化する風、そういう力を内部に貴方はもえ立たせることが出来ます。貴方の環境は一変します。それにもまして重要なことは、貴方自身が変化することです。今まで嫌だと思っていた俗事の数々が、もはや何でもなくなってしまいます。今や正しい目でそれが眺められ、たいした事じゃないと分かります。貴方は神の子です。神は貴方の中に幸福になる種、闇を打ち破る種、完全な生に入る力を植えておいでになります。

Ⅳ

古人は次のように言い習わしていました。「天界の秘密の鍵はどこにある？　それは心臓の中に」。これは単に神を愛し神を崇敬するとか、人を愛し人に奉仕するとか、そういう問題ではありません。無尽のしつようさと、力をもって、愛を無限の愛である神の愛をしっかり身につけなさいということです。

創造主が人間のハートの中にお置きになったこの愛とは、無尽蔵の力であり至上の幸福です。されば、まだ実現されていない天界の歓喜です。それは、物質原子を統御する力です。幸福と完全な生命を引き寄せる力であります。人はこの創造力の使い方を学ばねばなりません。もし貴方がほんとうに健康になりたければ、幸福にならねばなりません。自分で内的な喜びを探しなさい、内的な幸福を求めなさい、それは神の国から来るものです。

　幸福な魂は病気では死にません。病気とは不調和の結果です。魂に調和を持ちなさい、そうすれば調和が生活の中に現れます。そうすれば、身体は病気など知りません。どの細胞もすべて、内在の神に統御され、その指示下にあるからです。

Ⅴ

　愛するとは、我を捨てて与えることです。真心をもって困難な道を歩むことです。愛とは勇気です。真実です、忠誠です。愛とはまた、思いに、言葉に、行為の一つ一つに信愛の心を表わすことです。それは正しさであり公正さです。愛とは相手が欺いているようにみえても、これを理解してやることです。

　愛とは霊から出るものです。愛によって、人は相手の中に霊があることを認めます。愛は相手を裁きません。決してなにごとも人のせいにしません。人の胸の中が分かるのは神だけです。ですから、貴方は人を裁くことは出来ません。愛とは親切であり、辛抱することです。愛はあらゆる問題の溶解剤です。それが何であっても、人が人間的な神的な愛をもってそれに対処すれば、すべてその問題は解決します。忍耐と愛があれば、人間の不幸は何事によらず解決されます。

弱さとは我《が》があるからです。何事においてもこれは同じことです。貴方が親しさや心の安らぎを覚える人物というのは、すべて今貴方がたどっている道を越えて来た人達です。彼等は我を捨てて、自分の生活に内在の神の子の光を満たしたのです。心優しい友らが貴方の傍にいますぞ。彼等は裁くことなく、とがめることなく、唯ただ貴方を強くして慰めたいと、純愛を傾けています。それが貴方の道を明るくしましょう。この光を、貴方は彼らからと神からと受けているのだから、これにふたをしてはいけません。外に発揮するのです。貴方も同じく無私になって、愛を他者に生あるもの達に渡して下さい。

皆さんは、病気や心労で悩む人達を救うために、自分に何が出来るか知りたがっておいでだ。その相手の人の歩む道はその人が選んだのであって、皆さんがそれを変えることは出来ません。だが、愛をもって包むことは出来ます。その愛が光です。光の中にその人を優しく包みなさい。心の深いところからその人に語りかけなさい。勇気を与えてあげなさい、神の霊である光を通じて。これが愛です。弱さや感傷は愛ではありません。愛とは強いものです。愛とは真実であり、賢明であり、そして愛とは辛抱です。

愛とは、すべての苦痛すべての問題、これを解決する神の秘薬です。

Ⅵ

貴方が受けている最大の賜物は何かというと、それは直感です。これこそ貴方の本当の指導の光です。ところが、この直感は欲望で乱されることが多いのです。欲求の声は、その欲求がどんなに高尚なものかはしれぬが、直感の声ではありません。直感の声はハートの中で愛によって生まれます。直感の声はひそやかで、無私の愛の瞬間に聞こえるものです。その時、魂はキリスト（内在の神性）に波長が合っており一つになっています。

人間生活の感情は、ある意味では、すべて魂の宮を形成するための道具です。人は経験を通じて学びます。過ちを犯せば苦しみを受けます。人が此の世に生まれるとは経験を買うことです。しかし、人がどこに向かって歩いているかを知るならば、そうして、太陽神、キリスト光、すなわち内在の神子に触れようと、絶えず強く希求を続けるなら、その人の英知は堅実に成長します。人が浄化と静寂の中で内奥からの直感を受けとれば、その中に、その人の仕事に必要な導きの光がありましょう。

第五章
自覚と啓発

I

「我が意にあらず、おん身の意行わるべし」。神の子等に対するご意志は、いついかなるときも、子等の完成これです。しかし、人はこの完成に向かい骨を折って生きねばなりません。もし、それが誤りを正すために地上に再生することなら、つまり、前生に播いた種の結果を刈り取るためなら、喜んでこの法を受け入れねばなりません。もし本人に、神のご意志である、過去の誤りを正す唯一のこの道を耐えるつもりがあるなら、喜々としてこれを受け取らねばなりません。何となれば、柔和と愛の精神でこれを受け入れれば、たちどころに原因と結果は帳消しになるからです。カルマが終了するのです。しかし、この受容は心からでなければなりません。あれこれ頭を使う問題ではありません。自然の心の、言葉の、行為の発露でなければなりません。こうして魂がついに自己放棄の段階に到達しますと、魂の目は開かれ神の栄光を見、不滅の認識を経験します。

Ⅱ

我らは極めて単純な健康の秘訣を伝授したいと思います。それは「感謝をもって生きること」これです。もし心が、生きることすべてに感謝で高鳴っていたら、その人の核心より光明が輝き出て、人生が光り輝きます。生きることそのこと、人生の味わい、五感を通じての素朴な喜び、これらから人の心には感謝の念がよびさまされましょう。しかるに、生を厭い愚痴をこぼし、心は閉じられたままでいます。でも、そういう人の内部にも、小さな火がチラついています。もし、その火が生命を与える太陽、つまり神の光にあたって育てられたら、炬火となって燃え立ちましょう。

Ⅲ

我らは霊の世界にあって、皆さんに愛を送る者です。我らは皆さんの悲しみを取ってあげることは出来ません。悲しみは皆さんの経験です、それによって人は霊的生命の美に目覚めるのですから。我らは皆さんのカルマに干渉することは出来ません。だが、我らは皆さんの人生途上にあり、助言を与えることは許されています。また、皆さんが苦しみにおちいる道に進んでいるのを目にしたら、傍に立って、元気づけ勇気を与えることは許されています。しかし、その道がどんなに厳しくても、貴方が自分の心で、自ら選んで通るその道は、神の道、正しい道です。このことを知り、神に自己を委ねなさい。

人生にあって迷うことがあったら、貴方の胸の内奥に聞きなさい。つつましく神の前にひざまづきなさい。世俗の心を働かせてはなりません。神法に自己を委ねなさい。その時、平和と喜びがありましょう。貴方はもはや疑念を抱きません。すべてが公正で、すべてが良いということに。もし、神に貴方が同調していたら、神が愛であり、神の道が常に公正であることが分かりましょう。神を信じなさい、神に忠誠でありなさい。もし、今まで自分が反抗的だったと分かったら、謙虚に許しを請いなさい。これが唯一の人間の自由意志の選択です——すなわち、この道を行くかあの道を行くかでなくて、愛と謙遜をもって自己の経験を受け入れるか、またはひねくれて怒って反抗的になるか、どちらかです。

Ⅳ

身も心も精神も安心しきっていなさい。神は誤りを犯すことはありません。もしこのことが分からなければ、じっと辛抱して待っていなさい。いつかよい時に、光が射して、そのことが分かりましょう。

我らが、「安心していなさい」と言うのは、ごたごたの中の平和ではないのです。世俗の問題から心を放して、神の愛を信じて身を任すということです。これが神の不可思議力を、即ち神のエキスを実感する道です。

人によっては、平和であること、波立つ水に油を流すことは、弱くなること、そう考える人達がいます。しかし、我らはその弱いという言葉を柔和と置きかえます。主キリストは柔和です。だが、キリストは力そのものであります。また、個人においても国家においても、平和であることは弾力があるということです。平和な精神は善に対して強力です。この平和な精神を物質生活の上に行き渡らせなさい。物質を動かしなさい。物質や低次な自我のために、この平和な心、この力、この聖なる愛、即ち幸福を追い払ってはいけません。

もし人が低級我の欲求が抑えられて、浄い愛や優しさを表現するようになれば、また復讐の心を捨て怒らない人間になれば、そこに神聖不可思議の力の秘庫が開かれて、病気は治ります。

V

大師は貴方を愛の中に包んでおられ、貴方の心の中も欲求も知っています。しかし、貴方の日常生活の諸問題も苦難も、貴方のカルマの部分であることも知っています。それで、大師の援助というのは、貴方自身が自己を統御するよう助力することです。

貴方に毎日おこる出来事は重大なものではありません。重大なのは、貴方がそれにどう対処するか、その姿勢です。

皆さんは頭に血がカッカッときて、病気になることもできます。皆さんの中にはそうした人がいますね、またそうなるかもしれませんね。あるいはまた、平静を保ち、静寂と力を求めていくこともできます。感情が静かになれば、次には内的な交流の場が生じ、力が湧き出ます。貴方はそこで自分の問題に目をやり、こう言うことが出来ます。「神様、大師がなさるように、私にもこの問題を処理する力が欲しいのです」と。

大師が来られれば、怒りの気持ちなど消えてしまいます。反抗心やよろめく気持ちも克服されます。貴方の心は安らぎで満ち、愛と讃仰の思いで一杯になります。

皆さんが賢明にして、我らの言うところを実行されるなら、皆さんは二度と感情で引き裂かれることはありません。また惑うこともありません。それは、貴方が貴方の内部に、光り輝く、静かに燃えつづける火、すなわち霊的太陽の火を見るからです。貴方がこの純潔に光り輝く清浄な炎に心を集中する時、内部の太陽の尊厳さに心うたれましょう。貴方は自分が肉体の主、自分の環境の主であることを悟ります。何ものも貴方には触れ得ません。この内在の深い深い存在、それこそ「真我」です。「平静でありなさい。そうして〈我れは神〉であることを悟りなさい」。

Ⅵ

我らは、物事を受け入れることの大切さについて話をしています。だが反面では、敗北や失敗を受容してはいけないとも話していますが、なかんずく大切なことは、神の愛を信じること、また、神とともにあれば不可能はないと悟ること、これです。

皆さんの中には、瞑想や黙想の修練で、永遠なるものと交流するエクスタシーを知っている人がいます。また、一点の疑念もなしに、神が善であることを皆さんはご存知です。誰しもいつかは神が完全な善であることを知るものです。たしかに、悪と言えるかもしれない面が、造物主にはあります。それが災いをひき起こすように思えるからですが。しかし、これは霊的進化の一過程にすぎません。ここで明言しておきましょう。あらゆる魂は神に向かい進歩向上をつづけております。

皆さんは神の使徒である守護の天使らによって、正しい道を導かれております。進歩も健康も幸福も貴方の歩む道の上にあります。されば確信をもって為すべきことを為しなさい。人は思い煩うことで、自分の宿業を変えたり、他の何かを変えたりすることは出来ません。

だが、神を信頼すれば貴方は一変します。確信を持ちなさい、神は愛です、すべてが完璧な美へ向かって作動しています。神の生命と光明に心を集中しなさい。そうすれば、貴方の牢屋の壁は溶けます。人は霊と光の中に住めば、肉体のとらわれから自らを解き放つことが出来ます。すなわち、自分が不滅の光の中にあること、また、どんな事が起こっても神は共にいますこと、このことを知っていれば。貴方の身体に関して起こることは重大なことではありません。貴方の魂に起こること、即ち貴方自身である霊に起こること、これが重大なのです。

第六章
高級の自我

I

肉体や外に現われている個性を超えたところに、人間の自我があります。真我とは、人間の真の古里である光明の世界から、地上で自己表現をするために降下してきたものです。真我はまだ十分に自己を表現することが出来ないでいます。それは、この美しい霊を受け入れる媒体の準備が十分に出来ていないからです。しかし、皆さんは日常生活の中で、これら媒体、つまり情緒体・精神体・エーテル体・もっと高級なすべての媒体の準備をととのえつつあります。鍛練をしたり試練をへて、低次の諸媒体がととのえられていきますと、貴方の霊は肉体を通じて、相当程度まで自己表現が出来るようになります。

この高級自我は精妙きわまるエーテルでできていまして、光で脈動しています。この光は、人間が進歩すれば、〈魂の窓〉であるエーテル体のチャクラから外に輝き出ます。この聖火が十分に活動を始めて、チャクラがすべて神の意図どおりに作動しますと、昇天の状況に達します。我らはこれをもって全身が（まだ、物質の性質を帯びてはいますが）、現在よりずっと高級な世界で活動するものになったとします。今は身体はくすんでいますが、もし聖火に火がついて活動したら、身体の波動は高まり、輝いて美しくなります。それは神人すなわち太陽人の域に近づいたわけです。この神人達が地球の創成の頃に大地を歩いていました。

　今でも、英明で偉大な霊師達が、地球をとりまく境域に近づいて、人類に英知を与えようとしています。そこで、苦しみの業火をこえ、自己統制ができるようになった者達には、完全に内在の聖火を開現する方法が伝授されます。それは、この聖火には創造力と破壊力の二つの面があるからです。もし、無知で自己本位の人間が、考えもなく利己目的にこの創造の神秘力を使えば、身を滅ぼしてしまいます。ですから、自己統制と媒体の入念な準備がいかに大切か、皆さんにもお分かりでしょう。ですから、人類を見守っている霊師も、人間の方に準備が出来るまではこの秘儀を明かしません。これを正しく使い、創造主の目的とご意志どおりに、神的生命の歓喜に入っていけるようにするためです。

　人間は愚かにも、たえずこの内在の火を消費しています。それは衝動的な欲望や不統制な感情のためです。人が怒ったり感情的になれば、その都度この聖火は消費されます。感情を統御して、温かい愛の心をもてば、そのつど諸媒体に光が建設されます。人はこの聖火を使って、自己の魂を光らせ、まわりの世界を美しくし、魂の栄光を輝かせているわけです。

心情より発し、愛の心で黙想し、愛に生き、愛を吸収し、愛を与えなさい。そうすれば、貴方の魂は光り輝きます。神の神秘が貴方の手中にあって、病者を癒し、失意の人を慰め、悲しむ者を満たし、触れるものすべてを美しくし、生活に安らぎと幸福をもたらします。

Ⅱ

高我は世俗の思想を超越したところにあります。あらゆる音や外形の下に隠れています。これには俗心をもってしては近づけません。神光を発現しなければ駄目です。これは純粋きわまりないものです。自ら外に姿を現わしたり、日常の人格で汚されたりしません。一瞬、これに触れれば、宇宙意識が現れます。高我に触れれば、全宇宙に触れるからです。この高我に触れる道は放棄です――個人的欲求の放棄、すなわち自愛の放棄です。また、黙想です。讃仰の思いに満ちて、キリストと呼ばれる至上の神性についての黙想によってであります。

高我は通常は心に作用しません。ただ作用するとすれば、神法に従って行動せよというインスピレーションの形をとります。だが、低俗な心がすぐ頭を出して、そうするなという尤もらしい理由を述べます。そのうちにだんだん、自分の中のこの両面の見分けがはっきりつくようになっていきます。つまり、世俗心と神性我ですね。もう一度申しておきましょう、高我は心では触れられません、ハートと愛によるものです。

愛は欲ばりではありません。愛するとは与えることです。愛は放射光、ハートからほとばしり出るエネルギー、甘美な癒しのエッセンスです。

Ⅲ

人はすべて奉仕者になれます、治療家になれます。人はすべて慰めを人に与える者になれます。何と美しい言葉ではありませんか。兄弟姉妹を慰める以上に、どんな優れた仕事があり得ましょう。神の僕《しもべ》となることは、人間に与えられる最高に美しいチャンスです。

現実に神の僕として働く者達は、神と共に歩く人達です。神の存在に疑いを持たぬ人達です。これは聖者になる道です。そうして、大師達はすべて聖者です――謙遜で、純潔で、清浄です。これが人を癒そうとする者の意識の状態です。何となれば、そうありたいと切願すれば、その人の内部にいわゆる奇跡の力が生まれるものですから。

イエスは人々に教えて申しました。神を求めるようにと。「父と私は一つである」、これが病気を治す力の源泉です。人が神と共に歩き、その聖光、その聖火で満たされれば、その人から病気を治す力がほとばしり出ます。忘れてはいけません、一人では貴方は無です、一人では何も出来ません。神の意を行うものは、貴方の中に入って来る力です。ここが重要な点ですが、神は神が望まれるように働き給うのであって、貴方が望むように作用されるものではありません。

治療に際して、神意に身を委ねれば、神意が自己を通じて働いていることに、皆さんは気付かれますね。生命の基盤、核、その至高なるものは神です。事に処するに当たり、神の発動を求めなさい。神の愛を求めなさい、神の意を求めなさい。決して我意ではありませんぞ。難しい勉強ですな、今貴方がたはそれを勉強しているのですぞ。それが身につけば、もう、不滅のエネルギーとは唯一つこれだということが分かりましょう。

「心をつくし、魂をつくし、精神をつくして汝の神を求めよ」。人生のいかなる局面にあっても、神のほか、神の顕現のほか、人にとり大事なことはありません。されば、現実の行為においても、心のもち方においても、事を処するにあたっては神の意によって行いなさい。これによって、人は完全な治療家となります。完全人となります。

Ⅳ

六つの尖端をもつ星は、完全となった人、すなわち神人の象徴です。たくさんの神人達がいます。こういう人達は神法に従って生きてきた人達です。魂が物質界、情緒界、精神界にわたりその長となるためには、たくさんの再生を経験しなければなりません。しかし、真に神人たる者は、他を愛することの自己修練を重ねてきた人です。日常生活にあって、人との交わりにあって、そういう人は惜しみなく愛を注ぎます。愛は光です。

誰しも愛するにあたり、戸惑いをします。「どうしても愛せない人がいるのです」とこう言います。我らの答えは次のとおりです。個人的感情をストップしなさい。愛のために愛しなさい。神がいかに美しいか、神の創られた万物がいかに美しいかを思いなさい。そうして、心をこめ魂をつくして神を愛しなさい。キリスト神性を愛しなさい。

もし貴方が内的な目で、活動している治療の手を見ることが出来れば、その手から光の流れがほとばしっているのが見えましょう。その光は愛から出ているのです。愛のみが癒します――愛の波動のみが。

もし貴方に病害などがあったら、その患部を愛の心で考えなさい。右手をそこに置いて、愛の念だけをそこにこめなさい――愛ですぞ、哀れみではありませんぞ。哀れみは愛とは全く別物です。その患部を愛しなさい。そうすると、治療光線が貴方の手からほとばしり出ます。

世の悩む者に対して、イエスがしたように、憐憫《れんびん》の思いをもってすれば、大きな星のような光が貴方から出て行きます。その星はその悩む者、病む者、悲しむ者の心の中に来てとどまります。そこに大いなる愛の光があって、新しい生命を、新しい肉体を創造します。

人を癒す星の光を放射するといっても、うるさいものや、くたびれたものではいけません。

内部からの静かな放射であるべきです。人はこの光の通路です。貴方自身が六尖端星の象徴となるのです。真我、内在のキリスト（神性）とは、星です、炎です。〈私とは星である。私の内より不滅の火である光がキラメキ出る。その光とは星である〉。貴方のハートからこの星がキラメキ出る時、貴方が心を向けている人のハートの内部に、光と愛が呼び起こされ、目を覚まします。

更にまた、貴方の想像力を使うことです。こう想像しなさい、自分は今、神人の象徴である星の中心を見ていると。貴方がこの星を凝視して、その表象する愛と治癒光に心を集中していると、貴方は星の中に引き入れられるように感じ、星の一部となります。しかも、貴方がそれで自分が癒されていくだけでなく、その星の中心から全世界に向けて、治癒光線を放射しています。

霊の力が貴方の内部にあります。霊力は創造力でして、無限のものです。ですから、俗心によって、自分の考えに釘をさしたり、自分のヴィジョンに枠をはめてはいけません。日常生活にあって、人々との交わり、仕事の上でも、決して、物質的な制約で自分の心を縛ってはいけません。万事が、皆さん、貴方の心できまります。貴方の考えるとおりに、貴方はなります。

「空中に楼閣を建てる」、この言葉の真意を知らぬまま、皆さんはうかうかと過ごしています。先ず何はともあれ、自分の意識の中に星を創りなさい。自分はその星の中心にあるのだと、かたく思いなさい。貴方は星です。すると、貴方から、星の光がエーテルの中に出て行きます。そうすることで、貴方はエネルギーを受け取ります。すなわち、神愛の力を貴方は受け取ります。この力は決して誤りを犯すことがありません。神愛は全能であり、全知であり、至る所に存在します。貴方の内奥には神がおいでになります。神と共にあれば、成らぬ事は何一つありません。

静寂の心

The Quiet Mind

原著の序文

本書『静寂の心』は、ホワイト・イーグルの言葉の中から、日常生活の支えや手引きとなるものを選んで集めた本が欲しいという、多数の要望に応えて生まれたものです。

書名は、グレース・クック女史の著書『瞑想』の中にある、次のホワイト・イーグルの言葉から引用しました。「力の秘密は静寂の心にあり……」。

同書の一節に、大師のもつ優れた美しい個性の数々を列挙したところがあります。――これこそ弟子たちの修行の目標となるものです――この箇所が本書の『静寂の心』の骨組みとなっています。これら美質の一つ一つを目安に、イーグル霊の言葉を集めてみますと、私達の日常生活で直面するさまざまの試練に、勇気と知恵をもって対処できる、その一助となるのです。

クック女史が書いているその一節とは、次のようなものです。

「もし貴方が、自分はかくあるべしと考えられる限りの者と、自分を考えられるなら、それは、どんな男にも女にも子供にも、人生のどんな局面でも、忠実で優しく愛に満ち親切であるということです。つまり、どんな状況にあっても、その態度が親切で寛容であるということです。要するに、もし貴方が自分を、どんな状況どんな場合にも完璧に冷静であると、即ち平静でしかも強くあると――強いとは、弱者を助け、正しい言葉を口にし、正しい事を堂々と行うということですが、自分をそういう者と感じることが出来て、それ故に力と光の塔となることが出来れば。すなわちもし貴方が、何事も時が来れば良い結果になる、正義は必ず最後に勝つと心得て、不正と不親切に穏やかな精神で対処する、自分をそういう者と見ることが出来れば。すなわち、もし貴方が辛抱して、神のご意志の成り行きを待つ者であるならば。要するところ、このとおりになることが心に描けるなら、貴方は師たるの資格の幾ばくかを知る者といえましょう……」。

ホワイト・イーグルはかけ離れた高い所からは語りません。地上の人生を、数多く歩いた者として語っています。その言葉には威厳がそなわっています。しかし、真実で優しく、愛に満ち分別があります。時にはユーモアもあり、常に前向きであって、人を裁くことは致しません。

彼の言うとおりに従えば、少なくとも誰しも力が湧いてきます。困った時には慰められます。まずは完全な安らぎが自分のものとなります。そうではありますが、私共は一人で歩いているのではないことを忘れてはなりません。ホワイト・イーグルも次のように言っています。

「もしも霊界のベールが取り除かれれば、皆さんはしんから幸福感と感謝で一杯になりましょう。神の力とご意志によって、霊界の方々が皆さんを進歩させ助けるために、すぐそばまで来ているのが分かりますから。彼等の暖かい手の感触を感じようとしなさい――貴方の肩の上に置かれている彼等の手、何もかも心得ているその手。貴方の霊師も守護霊も、貴方のどんな望みもどんな苦しみも、みんな知っています。貴方の守護霊は貴方の心中の願いを知りぬいていて、だから貴方を慰め、貴方を緑の牧場へ静かな水辺へと導いてくれます。貴方の愛により、すなわち貴方が神の愛を信じることと、愛そのものを貴方が信じることで、貴方は私共が貴方の方へ来る懸橋を創り出すことが出来るのです」。

「貴方の大師はきわめて自然で、愛に満ち、素朴であるとお考えなさい。貴方が素朴であればあるほど、貴方は大師の本性に一層近づきましょう。大師は貴方に微笑みかけています。時には優しいユーモアで、目がキラリと光ることも度々です。大師を思う時は、その光る目と優しいユーモアを、何もかも知りぬいているその姿を思い浮かべなさい」。

「神が貴方から求め給うものは、心からの敬愛です。神を求める心、善を求める心、これです。何となれば、神とは愛であり、愛する者は神を知り、神の望み給うことを行うものだからです。その人にとりすべてのことは可能です。辛抱して、神のために働くようにお努めなさい」。

一、大師の魂は不動

貴方とは

神の、み心の中には、完全な人間の姿が描かれています。神の子、神性——貴方です！神は永久に貴方をその思想の中に、神のイメージに形どって創られた完全な形、神人として保持なされます。

上方からの救い

貴方が今まで導かれてきた道を断固として歩めば、生命の宝を手にするでしょう。それは尽きることのない救いと、癒しと、幸福の流れです。あなたの兄弟であり導き手であるわれらは、貴方のそばにあって歩いています。皆さんは誰ひとり、一人ではありません。一筋の信をもって求めなさい、その応えが戻って来ましょう。その求めるものが何であっても、満たされましょう。

神の中で生きること

愛することは、神の中で生きることです。愛に生きるとは、神の中で生きて動くことです。その思いその行為の一つ一つが神の中にあって――世俗の中には一つもないほどにです。人が愛を抱く時、決して破壊と死の波動に感応することはなく、生命に溢れた波動に感応します。

思いも精神も神に向けなさい

人間が手にすることの出来る生命の糧、大いなる活力は神から来るエネルギーです。病気したり、心が疲れたり、落ち込んで希望を失くしたら、自分の事から心を切り離すことです。思いを神に向け、神に向かって祈り、神の賛美に心を向けなさい。あらんかぎりの思いと精神をこめて神に集中しなさい。ふらついたりハラハラせず、ひとすじの信を神に堅持しなさい。そうすれば神の光の中にあって貴方は発見します、自分の人生で必要なものがすべて与えられるということを。

真実の音を鳴らせ

真実でありなさい。真実であることは霊的生活の本質です。霊の調べは天界高く響くものです。貴方が日常生活でたてる音は、貴方が真実の音を鳴らせるかどうかを試すテストです。真実の音を鳴らすために、貴方に内在している神の調べを、善の音を、いつも響かさねばなりません。

うまずたゆまず

口を酸っぱくして何度も申しました「うまずたゆまず歩きなさい」と。これは絶えず目標に向かって、自分を引っ張って行くという意味です。すなわち、自分の高我とたえず接触を保つこと、低我の要求に耳をかさぬこと、神と人類に向かいすすんで常に奉仕をすることです。

真実の価値

貴方はまず第一に霊です、肉体はしんがりです。貴方の霊を光り輝かせなさい。人々が貴方を見て、そこに神性を感じるほどに。

貴方の真我

貴方がまず何にもまして求めるべきものは、神からくるもの、霊からくるもの、換言すれば貴方の高我から出る叫びです。貴方の正体とは光り輝く霊です。貴方は何よりもまず、この光り輝く霊に真実でなければなりません。どんなことがあっても、貴方の魂の要求である、真理と光と永遠の愛の追求から、貴方の目をそらせてはなりません。

祈りの道

祈りの道とは、愛の精神に自らを完全に同調させることです。その中にありなさい、その中に生きなさい。自分のことや世俗のことを思っては駄目です。神を思いなさい。一人では人間は無に等しいものです。しかし、光明の星の中心、すなわち天界の光の中に住めば、人間は偉大となります。そのとき人は心が神につながり、神は人と一つにつながりますから。こうして人が善、すなわち神と一つになる時、万事がうまく運んでいくものです。

試みと失敗

魂はすべて大きな圧力に耐えて、十分に試みを受けねばなりません。もし大師が、多数の魂も参加する重要な仕事に貴方も参加するようにとおすすめになったら。だが、貴方がその前に、十分に試みを受けて力を付けていなかったとしたら、どうでしょう。おそらく貴方はその仕事の圧力につぶされてしまいましょう。われらがこう申しているのは、貴方がどんなテストにも失敗にも耐えて、光明の道を進む努力をなされるようにと、そのためです。

広い視野

皆さんの前には、どなたにも素晴らしい未来があります。日常生活のささいな出来事、失望したとか、ちょっとした悩みだとか、痛手を受けたとか、それはすべて小さな小さな事です。それは自分で大変な事と思い込んでいるだけです。みんな捨てなさい。貴方の全存在を神の愛に集中しなさい。神の子でありなさい。我意をしずめ神意に身を従わせなさい。

生命の賦与者

皆さん、死はありません。肉体が疲れるということもありません。魂が全能である太陽の栄光に十分ひたっていれば、疲労ということはないのです。どうか、どんな疲れも衰えも、しみ入る生命の源泉である太陽によって、退散させられるように。

主なる神を拝みなさい

物神を拝んではなりません。世上の物質的な苦難や問題に頭を下げてはいけません。思いをつくし、心をつくし、精神をつくして神を崇敬しなさい。そうすれば、この世の心配事などは解消します。貴方とそれとのかかわりが切れ、心にいつまでもそれは残りません。貴方の中の神がそのもつれをうまくほどいてくれるのです。

安全

一日一日を大師の手に握られて、幼児の信をもってお歩きなさい。その手は真実の手です。安全保障です。貴方を見捨てることはありません。世の人は貴方を裏切ります。しかし大師にはそれがありません。また、次のように考えて、貴方が大師を求める際の助けとしなさい。

人がもし非我、すなわち低級我を克服して、高我の命ずるままに考えを語るようになれば、人は大師を発見し、大師を見、大師が語りかける声を聞くものであると。

接触を保て

疲れや衰えを感じたら、必ず神がそこにおいでになるように求めなさい。そうして神の愛、神のやさしい美、その生気を魂の中に吸収しなさい。神との確かな接触さえ保てれば、人生に悪いことなど起こりません。右するか左するか、あれかこれかなど、思い煩う要はありません。あなたがこうしたいと思えば、それが貴方のためになされているのです。但し、魂の目を覚ましていねばなりません。霊は敏感でなければなりません。内在の万能の霊の優しい指示にすぐ反応するように。

一言

「じっと見つめて祈りなさい」これは怠け者の言葉ではありません。光が心に射し入ったら、その光に従いなさい。つまり、内部の霊の声に従いなさい。自分が正しいと思うことをしなさい。

神に心をすえて生きなさい

心を神の上に置きますと力が湧いて来て、後向きから前向きに変わり、闇は光に転じます。光が流入することによって、その光で調和が生じるので、完全な健康が生まれるのです。

愛は光です、光は生命です

病気とか暗いものに頭を向けてはいけません。調和と光に顔を向けなさい。思いのすべてを主なる神に、優しい大師に集中しなさい。そのとき肉体の衰えは消えます。それは貴方の内的努力によって、闇の原子を光の原子に貴方が変えているからです。もし貴方がいつも光の中に生活することが出来たら、貴方は外からの治療の手をわずらわす必要はありません――光そのものが貴方を癒すからです。

神霊の現前

常に常に、神霊が目の前に居《お》られると、心にとめておくことです。その限りない平和と静けさを、世俗の雑事の中にあっても思うことです。神への道を学ぶ皆さんは、群衆の中にあっても、静寂と優しさの場を見出そうと努めねばなりません。一人でいる時に、神に近付くことは易しいことです。しかし、群衆の中にあっても、神を知る者とならねばなりません。

二、大師は優しく
愛に満ち親切

利己主義を克服しなさい

人々の兄弟として生きるために、一番はじめに学ぶべき肝心なものの一つは、利己主義の克服です。利己主義を克服すれば、霊の花が開きます。貴方に聖者の花が開きます。聖者はもの分かりがよくて、人間味があります。すなわち人の気持ちがよく分かります。人の喜びや悲しみに入って行くことが出来ます。聖者とは愛そのものです。

天使たちの愛

神に仕える天使たちが貴方のそば近くにいます。貴方の人生のどんな一コマも、一挙手一投足も、その心に思うことも何一つ逃がしません。しかし、天使らは裁くことなくただ愛するだけです、深い憐みと深甚の理解をもって。このことを心にとめて、こう祈りなさい。天使らのような愛が貴方の心にも満ちるようにと。光の使徒らが貴方にするように、貴方も同じいとしみの愛と親切をもってすべての人に臨むようにと。

妥協は無用

人が貴方を怒らせ、貴方はケシカランといらいらして、その人に刃向かっていってはいけません。気持ちの中ででもいけません。貴方は神の愛に身を捧げたのではありませんか。妥協ではいけません。道ははっきりしています。愛の道です。優しさと平和と、これが道です。

愛の治癒力

真実の愛とは光です。ですから、私達が神を心に描きながら、世の苦難に深い憐みの心を覚えますと、そこから偉大な光が放射されます。その光は疲れた人や、悲しむ人や、病む人の心の中に来てとどまります。やがて時が来ると、その光は新しい生命と新しい身体を創り出します。

悩みある時

貴方が困難にぶっつかって、どうしてよいか分からなくなったら、貴方の一番奥の聖所に行きなさい。そこで優しい神のお出ましを求めなさい。そうして、貴方が置かれている状況の中でどうしたらよいか、神のご意志を尋ねなさい。

重荷をおろしなさい

神の上に重荷を置きなさい。言葉をかえれば、貴方の問題から手を放し、お任せして、それを下に置きなさい。結び目をほどこうとしてはいけません。引けばひくほど固く締まります。下に置きなさい。思いのすべてを込めて、やさしく愛である方、神に心を集中しなさい。そうすれば、結び目はすべてほどけて、問題はのこらず解決します。

神を信じること

自分を神にお委せして、神の愛を信じて揺るがぬ心になっていくと、神の愛が絶えずその人に働きかけて、その人の生活の中に現れます。人が霊的法則に従って生きるなら、その人は他者を傷つけることなく、他者もその人を傷つけることは出来ません。

賢い愛

大師は完全な愛を実行するために、貴方の行う努力の一つ一つに注意を払っておられます……大師は貴方の失敗も成功もすべて承知しています、そうして貴方に愛を注ぎつづけているのです。霊的にかくも偉大、かくも美しい大師が、万難を排して貴方を愛し続けているのですから、貴方が兄弟である人々や生き物たちに、自分のささやかな愛を注ぐことが難しいでしょうか。しかし、人を愛するには学ぶべきことが多々あります。賢さのない愛は、これは愛ではないということ、これを心にとめておくことです。本当の、公平無私の、相手に憐みをもつ愛と、感傷主義とでは違うということです。感傷だけの愛は貴方の足をすくい、愛を駄目にします。愛するとは他者に、貴方の中にある最高の一番真実なものを与えることです。すなわち、愛するとは、神の白光である貴方の魂から光を与えることです。これが愛です。

愛を自分の問題に適用しなさい

愛はどんな問題、どんな困難、どんな誤解に対しても、偉大な解決策です。愛を使いなさい、どんな人間の問題にもしんからの愛を使いなさい。理屈を言う心はわきへ置きなさい。自分の中に清らかな愛を働かせなさい。心の奥底から、神の愛を与えなさい。貴方は驚きますよ、きっと……問題がみんな解決されてしまうので。

結び目がすべてとけてしまうのです。

心安らかであれ

安心しなさい、心安らかでありなさい。神を愛する者、愛である魂にはすべて永遠の生命があります。愛のあるところ、別離はありません。心を安らかに、ゆったりとしておいでなさい。

人と争っている時に

人から害を受ける破目になったら、自分を至高なるお方、すなわち輝く太陽の中に鎮座する金色の方に、心を同調させようとしなさい。その姿を心に描きながら、争っている人のことをお考えなさい。そうすると、光の矢がその人の方へ進んで行って、状況に変化が生じ、万事がスムースに進行します。曲りくねった道はこうして真っ直ぐになるものです。

大師の道

賢い人は論争しません。沈黙して静かに己れの道を進みます。唯、大師の足跡に従うそのことだけを心にかけながら。

優しい兄弟

大切なものは日常生活、このことを分かって下さい。毎日の出来事、その場の状況に貴方がどう反応するか、これが物事がうまくゆき成功するための、肝心なポイントです。自分がうまくコントロール出来なくて、いくらホワイト・イーグルの話を聞いたって、また別の先生の話に耳を傾けたって、何にもなりません。このことの第一歩は、内在の静かな小さな声に気付くことです。すなわち貴方の中に徐々に増していく光に気付くことです。この光が人生のいろいろな環境や局面に対して、貴方を優しい兄弟として反応させてくれるものなのです。

愛は内面の美しさです

愛するとは、その見返りを何も思わずに、内在の神性を捧げることです。人は愛にはお返しがあるものと、あまりにも感じがちです。愛とは与えるものであることを、魂は学ばねばなりません。愛は心から、生命から溢れ出る内面の美しさです。

愛の支配を

愛に支配をさせなさい。何も恐れることのほかに恐れるものはありません。恐怖は人間の敵です。最後に打倒しなければならないものは、これです。怖れなさるな。一切を神法の中にある英知と愛とに委ねなさい。ベストを尽くしなさい。人間関係においては、真実で誠実で親切でありなさい。心にも生活にも愛を支配させなさい。

自分に優しくあれ

イエスは言いました「自分を愛するように、隣人を愛しなさい」と。この、自分を愛するとは、利己的な意味ではありません。人間は神の子ですから、自分に対して親切であれという意味です。必要以上に自分をチヤホヤすることはありませんが、自分に注意を払って、自己内在の神を殺さぬようにすることです。日常生活にあって、内在の神性が顕現できるように努めることです。自分を愛せよという意味はこれです。イエスが「自分を愛するように、隣人を愛せよ」と言ったときの、自分を愛するという意味もこれです。心の平和を愛しなさい。正しいことを行うことを愛しなさい。神法に従って生きることを愛しなさい。

人を許せば鎖が解ける

皆さん、人を許すということは難しいことです。しかし、人を許せば自分の霊は解放されます。それは丁度、鎖につながれていた魂が解放されるようにです。恐らく十字架にかけられた魂は二度とはかけられませんが、そのようにです。

人が愛や美しいものに反応しますと、その程度に応じて、地上の美を増加させます。丁度同じことですが、この人は秤の反対のもの——暗闇、無知、残忍、利己主義を減らしていく働きをしているのです。

弟子たるの道

そこで、皆さんは尋ねる、霊の道を歩くのはどう歩いて行ったらよろしいかと。私共はこう答えます。少なく語り、多く愛し、すべてを与え、人を裁かず、純潔と善なるもののすべてにあこがれる——そうしてうまずたゆまず歩く、これです。

三、大師は寛容

愛するとは善を見ること

人は毎日の生活で、その行動がしぜんに愛の人であるようにならねばなりません。愛とは感傷や感情じゃありません。愛とは善を見ること、神を見ること、生活を通して因果の理法を理解することです。愛するとはすべての人に寛容であること、日常生活のすべての出来事に我慢があることです。すなわち辛抱・思慮深さ・親切とか柔和、そうあることです。以上のすべての性質を一言で包含した言葉が――愛、これです。

上っ面の下を見なさい

表面だけを見て物事を判断してはいけません。霊的な因果を見抜く内的視力や洞察力を開発しなさい。そうなれば、人を裁くことができないことが分かりましょう。

私達の罪を許したまえ

私達には人を許すことが沢山ある、このことを覚えておくのはよいことです。人を裁くことなく、人を許すようになることはよいことです。私達には人の魂のことはよく分かりません。しかし、人の中に神の火花を見ようと求めることは、私達の義務であり、またこれにすぎる喜びはありません。

癒しの魔力

貴方が求めさえすれば、貴方の発見を待っている素晴らしいものがあります。美しいものに目を向けなさい。反対に美しくないものはいけません。この人生に対しても人々に対しても前向きで愛に満ちた態度、これこそ、私達が皆さんに教えて上げたいと思っている神の魔力です。この魔力を発揮しさえすれば、神の力を受け易くなります。癒しの神秘力を働かせ易くなります。

人間の道、神の道

人の批判や人を裁くことは差しひかえなさい。人間の道は他者の行為を憎んで裁くこと、神の道は静かに黙して愛すること。人は人間であると共に神です。従って、この地上に在っても、神性を発揮するように学ぶことです。

長老たちは人を裁かない

長老方は、皆さんのため、すべての者達のために休みなく働いておられます。長老達は怒るということはなく、未熟な者達を裁いたりしません。彼等は人間内在の神性を発現させていく神法、神のご計画を知っているからです。霊的に若い者は他者を裁くに急です。だが長老方は辛抱づよく、過大な要求はしません。

自分のカルマに感謝しなさい

貴方が接している人達を裁いてはいけません。裁けば、貴方そのものや、貴方の人生に崩壊作用が起こるからです。これに反し、愛と感謝をもって、宿縁（カルマ）によって貴方が接触している人達を見るようにしなさい。

新生

人間の中の神がありとあらゆるものを新しく生まれ変わらせます。人が内在の神性を悟るとき、その人の人生は一変するのです。その時、人は醜いものを見ずに美を見るようになり、憎しみをもたずに愛を感じるようになるからです。すなわち、病気はなくなり健康となるからです。世界のすべてが新鮮で新しいものに変化するからです。丁度、雨が上がった後の、洗われ清められた大地、太陽にキラメク大地を見るようになります。

眠れる王女

皆さんは人の上っ面だけしか見ておりません。しかし、もしそういう表面の皮をはぎ取ったら、その下に眠っている王女の姿が目に入りましょう。チクチク肌を刺す雑草の下に、隠れている王女を発見するように努めなさい。私達はすべての内部に光を持っています。誰しもその内に至高の我、王女を持っています。それ故に、私達はお互いに愛をもって対さねばなりません。常に最善を求め、出来るかぎり美しいものを掘り起こしていかねばなりません。

夢想もしない幸福

人は自分の肉体の原子を浄化させることが出来ます。正しい思考、正しい言葉、正しい行為、正しい生活、そして人を裁くことをしなければです。このとき、自然にある意識が高まってきます。それは夢想だにしなかった幸福感です。こうして、しなやかで柔らかいある力が自分の中で育ってきて、曲ったものも真っ直ぐになり、戸が開かれ自分の道が開かれます——

それは丁度、天使がペテロの牢獄の戸に触れて彼を自由にした、そのようにです。

優しい霊

「私達に逆らう者を私達が許すように、私達の罪をお許し下さい」。この言葉は皆さんに愛をもたらします。困った時に、悩みある時に、皆さんを助けてくれます。感情で心がどうにもならない時、人を許しなさい。その時、すべてのことが許されます。神が貴方を、子供である貴方を祝福して下さいます。

許し

許すとはどういうことか考えたことがありますか。貴方は、すなわち現実の自己である貴方の人格は、貴方の許しを必要とします。貴方の霊は神性です。しかし、貴方がしっかりするまでは、貴方の現実の人格の方には人間じみたものが残っていて、貴方の霊の許しを必要とします。貴方の霊が現実の貴方の人格を許しているように、貴方が許すにつれて、貴方は他者の罪を許すようになっていきます。人がもし人生の刻一刻を、愛と寛容を念頭において生きるように自己を鍛錬すれば、完全な癒しが貴方の上に現れましょう。

大師の面前で

大師が現れると、怒りや憤怒は消えてしまいます。人は平和で満たされ、敬慕と愛の気持ちで一杯になります。意識はたちまち高まり、俗界のしがらみや、いらいらから離れます。

日々を耐えなさい

もし進みが悪ければ、つまり自分の仕事が思ったようにはかどらないように見えたら、がっかりしたり意気消沈したりせずに、前よりもっと大きな進歩のための試みを受けているのだと感謝しなさい。偉大な仕事、良い仕事というものは、忍耐と辛抱のたまものでないものはありません。魂がやった事はすべて、一つ残らず結果が出るものです。ですから、仕事には忍耐が肝心、毎日の生活の一つ一つの出来事に辛抱しなさい。なかんずく、仲間内に対する辛抱が大切です。

四、大師は静寂、平静、そして不動心

我れは汝と共に在り

どんなにきびしい試練にあっても、神が居られることを思い出しなさい。神は片時も傍を離れられることはないのですから、そこに平和があり、勇気が湧きます。「見よ、我れは汝と共に在り」です。

神が貴方を見捨てることはありません

疑念がある時は、何もしなさるな。静かにして、辛抱して、お待ちなさい。平静になるように、静寂を守るように努めなさい。そうして神を待ちなさい。神が貴方を見捨てられることはありません。

世の騒音の下に

貴方は平和を希求しておられる。貴方は平和とは、お互いの善意、国家間の善意、武器を使わない事だと考えておられる。だが、平和とはそれ以上のものです。それは心の中でのみ理解できるもの、またその内部で実現できるものです。平和は俗世の雑音、騒音、ゴタゴタのその下にあります。感情や思考のその下にあるものです。それは魂の深い深い沈黙と静寂の中にあります。それは霊です、それは神であります。

平和の中心

「天なる父よ、お導き下さい、私に道をお示し下さい」と祈りなさい。だが、心中に火山があるようでは、外だけが静かになってもそれでは駄目です。内心の静寂をひらかねばなりません。貴方の魂の内なる、神の在所である静寂の中心を、毎日毎日求めていきなさい。

自らの主となれ

皆さんはささいな事、小さな問題で騒ぎたてたり、取り乱したりします。それはお止めなさい。自分自身の主となるように祈りなさい。自分の城を愛と真理と英知と美をもって治めるように努めなさい。

大所高所に身を置きなさい

いささか申しておきたいことですが、皆さんはどうも地上の価値を、余りに大きく見ておいでのようです。と申しても、地上でなすべき事を軽んじてもよいと言っているのではありません。そうではなくて、霊的なものと地上的なものと、この二つの価値のどっちが大きいか、そういう事にもっとハッキリ目を開きなさいと言っているのです。と申すのは、自分にはこれが必要、これはすごく大切と、人は余りにも考えすぎますが、そうした事はそれほど重要ではないのです。もし、皆さんが常に平静心と、神の平和の中にあることを求めるなら、貴方の魂はひらかれ、神の光が魂や生活の中に差し入りましょう。そうなると、心を煩わしたり今まで取り越し苦労していた事が、その光の中で溶けてしまうのです。

平和をあげます

大師は優しく愛に満ちています。大師は皆さんの求めるところを知り、皆さんの困難や失意を心得ていてこう申します。「来なさい、友よ、モヤを出て私の方へ来なさい。そうすれば貴方に、貴方が望む内的な平和を差し上げましょう」

平和の在所

平和と癒しは神のみ心の中にあるものです。神のみ心の中に住みなさい……怖れなどはそこにありません。

緊張をゆるめなさい

皆さん、心の安らぎをもちなさい。緊張した神経をゆるめて……五分間だけゆったりしなさい。神がそこにおいでになることを心を込めて思いなさい。光り輝く中に神が見えると、そう思いなさい。貴方に注ぎ入る神の愛を感得しなさい。神は善であられることを信じなさい。そうすれば善のみが貴方の方へ来ます。但し、心配したりくよくよしたりして、善が来るのを止めないことです。

安定

大白色同胞団の団員たちは幸福です。暗い出来事に乱されることなく、やすらぎの中にあるからです。皆さんは「暗い出来事に乱されなければ、それは正しいのか」と言われるでしょう。そうです。皆さんも内的平和を守り、内に光明をしっかり燃やしておけば、不愉快な状況に興奮したり、ガミガミ言ったりするよりは、ずっと良い事をしていることになるのです。

安定を保ちなさい。道にしっかり足を付けておいでなさい。

神はすべてをご存知です

神は貴方の肉体の、魂の、霊の要求のすべてをご存知なのです。安んじて静かに、衷心からの愛をもって、自分の最善を尽くすようになりなさい。貴方がベストを尽くせば、その余のことは神がなさいます。己が最善を尽くすことに信を置きなさい、そうして神を信じなさい。

落ち着いて働きなさい

貴方個人の問題や心痛に対する答えは、万事を神に委ねること、これです。内心の平静を保ち、心静かでありなさい。ガムシャラに人生を駆けようなどとせぬことです。平静であって、自分の仕事を静かにやっていきなさい。花が生きるように生きることです。心を神である太陽の方に開きながら。

浪費をせぬこと

精力の保全を学びなさい。日常生活でたえず起こる感情や精神の使いすぎや、そのコントロールの仕方を学びなさい。大師はエネルギーの保全について卓越した道を修得しています。ですから、決して自分のエネルギーを、活力を、すなわち神の生命を無駄使いしません。人生の嵐の中にあっても、彼は落ち着いて静寂を守るように、自らを鍛えます。

神は決して急がれない

霊力が身体の状況や物質的な環境をつくり出すのです。だが、霊力は急ぐということはありません。皆さんは性急に事が進むことを望みます。しかし、神は決して急ぐことをなさいません。あるのは永遠です。その中で事をなし、生きる。されば喜びあれ、です。

嵐を静めること

不調和な状況に接して、心が騒いだり、感情が動転したりするのは易しいことです。しかし、内在の神性が成長してきますと、その神性が感情を統御して静止させ、正しく働くように教えてくれます。こうして、感情は霊的奉仕のために働くようになり、動転して魂に嵐を起こさせるようなことはなくなります。

永遠とは今です

永遠は今であること、未来とは今であることを知りなさい。時間は過去、現在、未来と分かれていません――魂の内部に、そのすべてが今含まれています。未来などということは、現在に対する反抗です。決して未来ということに目を向けてはいけません。あれとか、これとか、それとか予期したりしてはいけません。そうすることは、恐怖をもって生きていることですから。神と共に今日を生きなさい。そうあれば、貴方の未来には喜びだけがあることになります。

何ものにも乱されぬこと

日常生活にあって、どんな状況であろうと、内在の神の意志をきく努力をすれば、たちどころに心の平静が得られます。どんな状況であってもです、貴方は嵐が静められるし、静寂を知ることが出来ます。皆さんは、自由で神聖で幸福で健康で、楽しい人生を知りたいと望んでおられる。奉仕ができて神の国が見える、そういう人生をお望みである。よろしい、そのポイントを示してあげましょう――第一に、魂の静穏、これです。何事によっても自分を乱してはなりません……何事かで自分が乱れれば、生命源から貴方の魂につながっている美麗な光の糸を、みんなもつれさせ、こんがらかしてしまうことになります――現実に、貴方は電線を遮断するわけです。だから、貴方は何でこんなに事がうまくいかないのだと、不思議に思うのです。電線を遮断してはいけません。貴方が接続している通り道をきれいにしておきなさい。静かでおだやかでありなさい。大師は決して乱されるということがありません。

神と共に生きなさい

神と共に神の中で心静かに生きなさい。毎朝目覚めた時、毎晩眠る前に、神に思いを向けることです。それでよろしいのです。そうして、神が自分の心の中に居ますこと、自分は生命である神の子であることを感じなさい。すなわち、貴方の願いは何なりと神はご存知であることを、感じ取りなさい。

人は神

光の世界では、人は光り輝く顔付きをしていて、静穏そのものです。その仕事はどれをとっても完璧で、努力のすべてが全体の幸福の増進に役立っています。人が内在の我に住めば、静穏の時間に住めば、いつだってこの完璧な人生に昇華できるのです。そうして、光の世界に在る諸霊から、地上で同じように生きるための霊感を受け取れます。人間は単に人間だなどと、そんな考えを持っちゃいけません。我らが知り得た真理のすべての力をこめて、こう申します、人間は神です。

人の真我（神我）

毎朝の目覚めの時、また一日の中で何回でも、特に物質生活のあれこれで悩んだり打ちひしがれたりしている時には、一歩止まって思い浮かべなさい、悩んでいるのは小我だ、試練を受けている人格の方だと。それから、自分の上には、見えない世界に大いなる自我が、神我があるのだと理解しなさい。その栄光の色と、光り輝く生命をのぞき込みなさい。そうすれば、貴方の人格の中に無限のエネルギーが流入して来るのが分かりましょう。自分の人格の上には、限りない、神にあって生きつづけている自己があることが、意識されましょう。

神と自己との毎日のつながり

祈りや瞑想で、神と自己との静かな毎日のつながりを作るように深めていきなさい。自分の霊からの光を常に与えることです —— 暗い気持ちじゃなく、光をのみ与えるのです。そうして、辛抱づよく謙遜に自分の道を歩いて行くことです。そうすれば、間違いなく神のエネルギーを受ける者、神愛を反映する者に貴方はなりましょう。

一時に一つの事を

仕事がいささかきつくて、どうにも仕様がない時には、心静かに一時に一つの事をするのです。あとは残しておきなさい。それは貴方の仕事ではありません。やってやりおおせない事は、神の手に戻さねばなりません。神が貴方に代ってケリをつけて下さいます。

無窮の永遠の園

貴方のまわり、少し上の方でしょうが、そこに美しい園が、無窮で永遠の霊の園があります。それは美と平和の園、愛に満ちた住人達の園。そこから私共は物質界にいる皆さんを助けるために、皆さんがたの方へと近付きます。私共が来るのは、苦痛と嘆きの檻の中から、この真実の家へと皆さんを引き上げるためです。そここそ、皆さんがそこから出て、再びそこへと旅して行く天界の生命の家です。

まず、天の王国を求めなさい

人はまず天の王国を求めるようにせねばなりません。人が行き着くことの出来る、最高の静穏の静寂の境です。そうすれば、天界の霊妙な力がその人に降り注ぎ、その人をよみがえらせ、その人は人類救済に働く者となれます。

五、大師は偉大な奉仕家

全世界を癒すために

皆さんの背後には、皆さんの思いもよらぬ大きな力が存在しています。神は神の子らが進んで神の通路となってくれるのを、ひたすら待っておられます。自分ひとりでは無であることを皆さんが知って、神に仕えてくれるのを、ただただ待っておられます。その通路が大きく開かれ、光明が溢れ注ぎ出すように！　皆さんの心の向け方次第では、国々の民を癒し、全世界をも癒す、そうなります。

大師に仕える仕事

皆さんは何かの折には、大師の仕事に使われるやもしれません。だが、そのお召しは必ずしも皆さんが期待している事とは限らないので、自分が大師の仕事に選ばれて召されていることが理解できないことがあります。ですから、心にいつも準備をしておくことです。いつの日、いつの時、大師の召喚があるか皆さんには分からないのですから。

光明を燃やし続けなさい

光を燃やし続けなさい。内部にある神性の光を絶やさずに守ることより、大事なことはありません。これだけが大師が皆さんに求めておられる奉仕の仕事に、必要な力を与えてくれるものです。貴方が貴方の持場で、勇気と忍耐をもって働けば、それに応じて貴方に返ってくるものがあります。見えない友等が与えてくれる友愛の心と、及び、現実の物質生活上での助力、これらです。

何をしようと

大事なことは、この地上でどんな仕事をするかということではありません。肝心なことは、自分の仕事を心を込めて力を尽くしてするということです。自分が正しく仕事をするように英知を求めて、祈ることもしなさい。また、途中でくじけることのないように勇気を求めて祈りなさい。

善・真・美……

皆さんが、善なるもの真なるもの美しいものを、しっかりと守るように。その人生がいつも前向きの善であるように。心も魂も、他界から語りかける者の声に、しっかりと同調しているように。彼等は皆さんに期待をしています。皆さんが絶えず放出されている神霊力に反応し、これを信じ、その通路になるようにと。全生命に生気を与え、これを美しくするためにです。

私が、もし私が向上すれば……

もしも貴方が内在の神性を高める努力をするなら、それは全人類を向上させることになります。貴方が天へ向かってする一つ一つの努力は、全世界のためになり、地球そのもののためでさえあり、地球を向上させます。皆さん、皆さんがもっている責任に目を向けなさい。何と素晴らしいチャンスを皆さんはお持ちのことか。地上の暗いものに目をくれて、貴方の生得の自由と幸福、奉仕と名誉の権利を無にされぬよう。安らぎが皆さんの上にあれ。平和と大いなる喜びが皆さんの上に。

光を見なさい

人間の進化をすすめられる神のご計画に、どうしたら貴方は貢献できるかというと、いつも神の愛に目を向けて生きることです。すなわち、いつも光をしっかりと見すえることです。されば、万人に神の善なるものが働いていることを見きわめられるようになることです。

神の子が貴方の中に誕生している

皆さんは他者を助けるために何かをしたいと願っておられる。私共から申しますと、一番大事な仕事とは、自分の魂の中の神光を開発することです。何となれば、それが神の子の誕生です、貴方の内部に、また、万人の内部にです。皆さんのなさる格別の仕事とは、私共の仕事もそうですが、地上の無明の中にこの神光をさし入らせる方法を学ぶことです。

自分の仕事を受け入れなさい

人は誰でも選ばれています。一人一人の魂には、その魂の為すべき仕事があります。誰しも人の仕事を代ってするわけにはいきません。ひとり一人が自分自身の仕事をするのです。それ故に、私共はそれを受け取りなさいと、こう申します。皆さん、貴方の前にある仕事を受容し、大神霊にうまくそれがやれるようにと祈りなさい。

上方からの援助

貴方が求めれば援助を受けます。それは心での求めでなく、貴方の存在の真底からの、静寂の中での願い、これによってです。救いを求めて内在の神に祈りなさい。そうすれば、自分の仕事を完成するための力に、何の不安がありましょう。

大地に足を、頭は天に

足を大地に着け、顔は天へ向けて上げておきなさい。何となれば、これによって、天から降り注ぐ光が貴方の足を安定させ、真っ直ぐに歩む道を導いてくれましょう。この聖なる光に確信を置きなさい。平静心と、この無限の英知への満腔の愛を込めて、身を委ねなさい。

道を無理強いせぬこと

力で戸を押し開けたり、力で状況を変えようとせぬことです。待つのです。そうすれば必要な一切の力が保持できましょう。貴方の一番よい時に、その仕事を完遂するにふさわしい、その力がですね。

磔刑

次のことを知れば心が慰められましょう。苦痛や苦悩を伴う経験は、磔の刑とも言えましょう。これを耐え忍ぶ者は全世界のために何かをしているのであると。何となれば、イエス大師が受けた（これと比べれば小さくはあっても）、同じく毅然としてまた平静な心で、魂の試練を受けとる者は、全地球の波動を高めつつある者、それに貢献しつつある者です。

心が愛に満ちている時

奉仕に生きるとは、魂が犠牲を忍ぶことです。自分の欲求や我《が》やらを犠牲にすることです。イエス大師はこれをなされました、生命までも犠牲にされました。犠牲がなければ奉仕とはいえません。皆さんはそれを尻ごみされるかもしれません。だが、生命の法を変えるわけにはいきません。しかし、心が愛に満ちていれば、何の犠牲などでありましょう。すべてを捧げ、すべてを与えつくしてもです。それは喜びです。

神と手をたずさえて

肉体を身に着けて生きておいでのこの人生では、貴方の職業が何であろうと、それは奉仕のあり方なのです。それが賤《いや》しくて、自分にはどんなにつまらないものにそれが見えても、貴方の使命です。人は地上での自分の仕事を通じて、すべての人の幸福に貢献できるものです。神と手をたずさえて一心に働きなさい。貴方の前に置かれている、奉仕の一つ一つの機会に感謝しなさい。

最大の奉仕

一人の人の魂が全世界を助けることが出来ます。皆さんはこう言われる「私は何かをしたい、私を使って下さい、私はここに居ります」と。しかし皆さん、わざわざ我々の所へそれを言いに来る必要はありません。奉仕とは貴方の足元にあります。毎日毎日、貴方のハートの中でそれが待っています。誰にだって出来る最大の奉仕とは、正しくものを常に考えることです――途絶えることなく愛を発現することです、人を許すためにです。

一歩一歩

愛に関することは、急いではなりません。一歩一歩です、大地をしっかり踏みしめて。時がみのれば、チャンスが来ます。大師が貴方のために計画なされた貴方のなすべき仕事が。

花はゆっくり開く

群集の頭上に、大師の幻を見るように訓練しなさい。ハートの中に大師のお声が聞けるように鍛錬しなさい。その声こそ、貴方のなすべきことを、勇気と安心をもってするように優しく、導いてくれるものですね。その時、貴方には、喜びと希望だけがありましょう。もしも貴方の望みどおりに物事が運ばないときは、もっと良い具合にそれは進んでいるのだと知りなさい、信じなさい。決して忘れてはなりませんぞ、本当の道とは愛の道であるということを。花は無理やりに花を開こうとはしません。太陽の中に、ゆっくりと、満開の花を開いていくものです。

六、大師の言葉と行為には英知がある

知恵は訪れるもの

知恵は、心が平静で静寂な人を訪れます。神に従う人達を訪れます。そのハートに愛が増していくにつれて、人は知恵をもつものです。

真理の泉

人の霊とは神の分身です。従って、知識の一切は貴方の内部にあります。もし貴方が瞑想をして、自分の内部に深く入っていけば、そこに貴方の待っている真理と無限の力の中心を発見しましょう。貴方は、幸福と健康のすべての源泉に触れることになるのです。

直観

真理に至る道は霊の中にあります。外的世界には騒がしさと、混乱と、不幸があります。

人は肉体の心で、すなわち地上の物質の片われの心で、ものを考えます。内的な心でものを考えるべきです。内的自我、すなわち直観によって、問題に迫ろうとせねばなりません。言葉そのものが、自らの意味を語ってくれます。直観です――内在の自分自身を鍛錬することです。皆さんは救いを求めて外の方へ目を向けています。人の求める救いとは常に内部にあるものです。皆さんが信じ、いつも口にし、触れたいと切望している霊の世界とは、すべて内部に存在します。

善を見なさい

真実の道を求めるのなら、絶えず善意と愛と同胞精神を外へ発揮することです。善いものに常に目を向けること、かりに他に比べてその善が豆粒みたいに見えてもです。愛の想念と善意をまきちらしなさい。人が高尚な精神で人生を生きれば、それがどんなに多くの善事をすることになるのか、人はこれを知らないのです。

たじろがぬこと

いつも光と共に働きなさい。こうして、人が光を外に発揮している時には、すべての他者の中にある光を、かきたて目覚めさせつつあるのだということを知りなさい。うつむいたり、後を向いたりしないことです。貴方の精神を乱し悩ませる、細々したくだらぬ事で、たじろがぬことです。光の方を真っ直ぐ見ていなさい。そうして次のことを知りなさい。神はご自身の目的に向かって着々と進んでおいでになる。万事は神を愛する者達のために、狂いなく良い具合に進行しつつある、このことです。

問題解決の道

神のみ心は常に総体の善を目指しておいでになります。ですから、現実問題の場合も、自分の個人的な問題が解決できればそれでよいという行き方をとらず、それを解決するための原理を求めることです。もし、貴方が自分の問題を原理の上に置くことが出来たら、つまり、神のお考え方にのっとって自分の問題を取り扱うことが出来たら、いつも貴方は真実の問題解決の道を発見するのです。

思想の力

大師の弟子たる者は、自分の想念を統御する物差しを持たねばなりません。先ず、自己自身に目をくばることです。そうして、日常生活の一つ一つの出来事に自己統御をしようとすることです。肉体の言うがままに任せてはなりません。脳髄の命ずるままでもありません。肉体と心に自己統御力を及ぼすことです。このような鍛錬はだんだん身に付いてくるようになります。

遠近法

人生のある状況を正確に達観したいと思ったら、鼻先で、近視眼的に見ぬことです。高所から、霊的立場から眺めることです。こうすれば、まるきりその問題が違って見えてきて、びっくりされるでしょう。

神を考えなさい

個人的にも国家的にも、悲観的・否定的なものの考え方はせぬことです。良いことをのみ考えることです。「神を考えよ」これです。貴方の悩みが何であっても、その問題の箇所に神を置きなさい。神の考え方を置くことです。神のようにもの事を考えなさい。相手がそうは見えなくても、その相手は神に向かって歩く努力をしているのだと見なさい。世界は霊的に進化成長しつつあるのだと見なさい。

ベストを尽くしなさい

自分が誤りを犯しているとはっきりしても、ベストを尽くしなさい――それが誤りかどうかを、どうやって貴方は判断しようとするのですか？　人間に出来ることは、自分のベストを尽くして人類と天使らのお役に立とう、その思いに生きることです。こうすれば、人は神の光の通路として一歩一歩大きくなっていくのです。

心に疑念があれば、何もしないこと

心に疑念がある時は、静かにして、待ちなさい。疑念がなくなったら、勇気を出して前進しなさい。モヤが貴方を包んでいる間は、じっとしていることです。陽光が射して、モヤを追い払うまで静かにしていることです――モヤは必ずはれるのですから。はれたら勇躍前進です。

皆さんは自分の道を正しく選んでいるとはいえない

皆さんは、自分のなすべき仕事をいつも正しく選んでいるとは限りません。皆さんは大師の前に立ってその命令を待っておいでだ。だが、折々辛抱しきれなくなることがあります。直ぐに何かしようと求めたり期待したりします。そのため、天なる父もその使徒らも信じないのです。つまり、父が皆さんのために、指導するように守護するように助けるようにと、お定めになっている方々をそっちのけにするのです。

平静でありなさい

皆さんをしっかりと抱いている神の愛に確信をおきなさい。恐れることは何一つありません。もしどう進んだらよいか分からない時は、今いる所に立っていなさい。じっと静かにしていさえすれば、状況が貴方のためになるように動いていくのがよく分かります。何かでうまくいくようにとせっかちになるから、沢山の困った事が起こるのです。こうして人は騒ぎにはまり込むだけです。人は同じ所で足踏みばかりしています。平静でありなさい、神を信頼しなさい。

導きを待ちなさい

すべての事は神がよしとされる時に、正しい瞬間に起こります。地上の皆さんには、それがいつかは必ずしも分かりません。しかし、もし皆さんが霊の指導に従うなら、つまりじっと辛抱して、いつ行動すべきかその時の指示を待っていたら、皆さんは正しく導かれましょう。

御心が成りますように

自分勝手な道を進もうとせず、謙遜にへりくだって、こう言いなさい「神よ、貴方の道を私にお示し下さい。私は神を信じております。貴方の道を歩ませて下さい。神だけが全知であられ、神の愛は私の思いも及ばぬものでございますから」。こうすれば、貴方の進む道ははっきりとしてきます。

神には解決ができます

時には、皆さんは精神でも物的手段でもどうにもならない問題にぶっつかって、行きづまってしまうことがあります。そういう場合には、心から謙虚になり、大神霊に身を委ねなさい。霊の手に自分を任せるのです。人間の力ではどうにもならなくても、神の力がたじろぐ事は何一つないのです。

七、大師は力と光の塔

勝利者

人間は霊です——これが、人が知らねばならないすべてのことです。また、霊とは物質の支配者であります。

貴方の鎖を投げ捨てなさい

大いなる霊であられ、光明であられ、生命の根源であられる神は、貴方が向上しようとしさえすれば、必ず貴方を進歩向上させて下さいます。貴方が自分を鎖につなぎとめているのですよ！　無明であるその鎖を投げ捨てなさい。あるがままの真実の自分に目を向けなさい。金色の光さん然たる太陽の子である自分自身を見なさい。

太陽の中に立て

皆さん、どんなに貴方の道がけわしくても、毎日、神の生命の栄光を求めなさい。高く飛び上がりなさい、高い心をもって、思いの限り。霊的太陽のキラメク光の中に立つのです。この光こそ、貴方の中に流れる創造力であると知りなさい。この光こそ、すべての病気を癒し曲がったものを真っ直ぐにする、創造エネルギーであると知りなさい。

神性は王様

貴方は光の妊婦です。聖母のように、貴方は自分の中に息子である光を、みごもっていますから。この光を取り出して、世界の中に置きなさい。世を幸福にするために、世界を癒すために、全地球の波動を高めるために。

貴方の大我

キリストのようになりたいという意志が心中に強くなると、肉体の中で大我が意識される糸口が生まれます。人は肉体を自分と考えますが、それはほんの自分の微少部分にすぎません。もし貴方が真我に触れたいと思うなら、心の中の貴方の創造主との交流を求めて、静寂の境に入っていくことです。すると、貴方の中に知覚が芽生えます。貴方の知覚に触れる大いなる光、（貴方は目にもしよう）神の人――これぞ貴方、貴方自身、貴方の神性、真実の貴方です。この神我の意識が目覚めれば、全心身の波動が高まって、肉体も浄化されます。

魔力があります

貴方の中にある神性は王様です……貴方の肉体の分子も、細胞も一つ一つが、この神である力に従っています。貴方の中にある神の魔力を発揮しなさい。その光がすべての闇を克服します。

星に顔を向けなさい

気持ちが落ち込んでいる時、暗い影がそばにあるように感じる時は、顔を上に上げなさい。霊の世界のかの高みに在るキラメキ輝く星を見ようとしなさい。そうして、その星の力と、安定と、光輝を感じとり、自分の心の中に注ぎ入ると感じなさい。頭上に輝くこの星の光を全身に感じ、確信しつつ前進しなさい。

光の子として世界を歩きなさい

貴方は霊です、貴方は不死です、貴方は輝く者です、神の子です。霊として生きなさい。何ものをもってしても貴方の目を塞がせてはいけない。制約などをさせてはいけません。

暗い雲の上へ

まわりのものが何事も幸せに進んでいる時は、機嫌よくしていることは易しい。しかし、まわりが暗く闇に閉ざされている時に、機嫌よくしているのは易しいことではありません。こんな時は、貴方の試練の時です。人がみな親切にしてくれる時、人に親切であることは易しい。相手が愛に満ちている時に、愛をもつことは易しいことです。しかし、ここには殆ど信というものが不在です。賢者は闇が深い時にも、光が天上に輝いていることを知っていま す。ですから、皆さんも意識を暗い雲の上方に掲げなさい。そうすれば、太陽が輝いていることを、また、神の生命は不滅の唯一つの生命であることが分かりましょう。

人々は貴方に目を向けている

唯物主義の誘惑にまどわされないこと、自分のカルマから来る悲しみや心配で気がすかされないように。勇気を持ちなさい。たくさんの人々が貴方を頼りにしています。貴方の思い、貴方の行為をあてにしております。人々は貴方に目を向けて、無意識ですが貴方の中に光を認めているのです。彼等は貴方には何か助けになる良いものがあると、知っています。貴方の心にもハートにも、光を輝かしておきなさい。貴方には大きな特権が与えられていることを思い出しなさい。人を向上させ、栄光の星へと人を導く手助けをする特権が。

光を外に放ちなさい

光を外に放つとはどういう意味があるのでしょうか。貴方の心から愛を他に与えてごらんなさい。すると、愛は光となって前進します。もし、貴方が実際に光を放射している時に、自分の姿を見ることができたら、自分のハートから偉大な光輝が流出しているのが見えましょう。オーラはどんどん光っています。際限もなしに光線が流出して行くのが見えます。すなわち貴方から出る光が、人々のハートに、知力に、肉体生命にさえも触れつつあるのが見えます。

神の鎧

貴方が真剣に愛や光の想念を放出している時は、自分を光で包んでいるのです――貴方が愛と光を出せば出すほど、それを自分に受けているのです。貴方のハートから放出される光は、他者の唯物的な間違った思想を消散させるだけではありません。自分の周りに保護膜を創っているのです。このことは次のような言葉で言われています「神の十全なる鎧を身に着けなさい」。

神は慈悲

人のカルマは神性の力をもってすれば、解消できるものです。私どもはよく次のような言葉を耳にはさみます。「あーあ、これは私のカルマだ、身に背負わねばなるまい」と。神法を誰しもさけて通ることはできません。しかし神法とは愛です。ですから、人の心の中に神性である愛が成長していけば、その人の魂からカルマの足かせが解けていきます。

太陽による病気治療

すべて治癒の基本と申しますのは、永遠の太陽である光を身体に摂取することにあります。もし、貴方がこの光を呼び起こして吸入し、意識的にこの光の中で生きることが出来れば、肉体細胞を実際にうまく統御することになります。肉体は鈍重で、物質の力は頑固、だから人は神の力を忘れてしまいます。しかし本当に組織をよみがえらせ、新しく身体細胞を創り出す力は神の力なのです。

影が貴方を取り囲む時

神の召し使いたる者は、決して勇気を失ってはいけません。勇気を失うことは誘惑にやられることです。暗い影は人を疲れさせ、自信を失わせます。暗い影はこう言わせます「私は役立たずだ」と。そうして、いわゆる劣等感を持たせようとします。貴方の中に働く神の力を疑ってはいけません。自分を駄目なものと思うことは、神の力を疑うことです。

一番良いものを見よ

落胆しないことです。何事も否定的にものを見たり考えたりしないことです。そうやって、何一つ良いことはありません。いつも建設的な力を働かせておきなさい。良いことがあると信じなさい。一番良いものが今起こりつつあると、それは必ず起こるんだと、こう信じなさい。私達は貴方を見捨てることはありません。私どもは神の子供達であって、神の使徒です。私共が貴方を見捨てることは決してありません。兄弟たちよ。

生命の呼吸

身も心もくつろがせなさい。そうして、ゆっくりと深い呼吸をしなさい。息を吸いながらこう思いなさい、いま自分の身体の分子の一つ一つが、神で、神の息で満たされつつあると。この愛が貴方の心にもハートにも原子にも満ちると、肉体の全細胞は完全な生命で満たされます。

唯一の真実なるもの

幸せな気持ちでありなさい。喜びで満たされ、前の方、光を見つめていなさい。この金色の無窮の光に生き、その中で活動しなさい。貴方を害するものなど何一つないと知りなさい。唯一の真実なるものは光です、神です、愛です。

八、大師は怒ることがない

柔和な者は幸いである

神を信頼し、信仰をもちなさい。もしこれまで反抗的だったとしたら、謙虚に許しを求めなさい。人には親切であり、愛をもちなさい。右はひとえに人間の自由意志の選択にかかっていることを、心にとめておきなさい――右するか、左するかということではありません。まことの愛と謙虚さで人生を生きる者となるか、反抗と怒りとひねくれ感情のままでいくか、どうかということです。キリスト人間（神人）になろうと志しなさい。

カルマの錬金術

私共は皆さんを助ける目的で来ています。皆さんから出る想念、祈りと希望、これらを皆我らは存じているし、我らは常に皆さんと一緒にいます。しかし、我らは皆さんから自由意志を奪い取るわけにいかないし、皆さんがなめた経験を盗み取るわけにもいかないのです。つまり、我らは皆さんからカルマの負い目を取り除いてあげることは出来ないのです。皆さんは自分が身に招いた負い目の支払いは自分で引き受けねばなりません。ですから、神の無限の愛の手の中に、気持ちよく身を委ねなさい。しかし、カルマは神の愛の手に委ねれば軽くなります。われらはこのことを皆さんに保証できます。人間は楽しくカルマの教訓のつとめを果たすことが出来るものです。これがカルマ錬金術です。人が、カルマが本人に教えたがっている教訓を学びとるや否や、カルマは消え去ります。もう二度とカルマは存在しません。

ストレスや困難がある時に

次のことを知っておいて頂いて、ストレスや困難の折に、慰めとなってくれますように。すなわち人の苦しみ、人の我慢、自己鍛錬、これはみんな身のためになることです。これは無駄じゃないのです。そのおかげで貴方は進歩し、栄光と幸福と完全な生へと向上していくのですから。勇敢に勇気を出して希望をもって、自分の人生を進んで下さい。貴方の今おかれている環境、今おかれている状況は、過去の自分のカルマが創り出したということを心得て。感謝をもって、今貴方が置かれているチャンスを受け入れねばなりません。常に神を待ち望むこと、そうすれば道が貴方に示されます。貴方の内部に。私どもは貴方と共に、貴方を見守りながら一緒にいます。私達はすべて一つの同胞団です。すべては一つであり、一つがすべてなのであります。

辛抱して、信じなさい

皆さん、私共は肉体に巣食う物質生活の悲哀や困苦を知っています。神の世界の美を塞がれたまま生きねばならない苦しさを。暗闇の道を進むことがどんなに辛いことかは存じております。皆さんは闇の中を歩かねばなりません。自分が置かれている状況を受け入れねばなりません。神の愛を信じながらですね、これは容易なことじゃありません。それは分かっています。しかし忍耐と信をお持ちなさい。決して次のことを疑っちゃいけません、すべてのものは善に向かって働いているということです。すなわち、神の力と英知と愛を、決して疑ってはいけません。

法は正義であり、完璧で真実

貴方は自分の権利を断固守ろうなどとする必要はありません。神が狂いのない法をもって物事を正しておられます。だから、平和は貴方の手に返ってくるのです。この事をよく胸の中にすえておきなさい。事が困難な時に空騒ぎしないことです ―― 平静にしておいでなさい。

受け入れなさい、愛をもって

私共は皆さんに忠告します、愛するのは他者だけではなく、自分の生活環境をも愛しなさいと、怒りの思いなどミジンも持たずに。何事も法からそれて、または、偶然に起こることはありません。大いなる法によって、貴方は貴方の現在の状況に置かれているのです。その状況が貴方の成長のために必要なのです。ですから、愛をもって起こることのすべてを受け入れなさい。経験の中に、学習しなければならない教訓を求めなさい。毎日、しばしば神の方を見上げなさい。そうして聖なる光と愛で満たされなさい。それは黄金の光線のように、貴方の心臓と頭のチャクラに注ぎ入り、貴方を浄化し、癒し、向上させ、安定させ、心身の統制を与えてくれます。

長い目でものを見なさい

人間関係の中には、皆さんの目からは、どうにも筋が通らない事が多々あります。これは筋が通らないと思っても、じっと我慢せねばならぬことがよくあります。しかし、霊界の者は長い目で物を見ているので、皆さんにこうお伝えしたい、曲った所は必ず真っ直ぐにされます、不正はすべて正されますと。

神の指示

落胆しないことです。なに事においても、なに人に接しても、失望をしないように心がけなさい。貴方がたが失望するのは、自分の意志や願望とかが、思いどおりにならないからですね。神の意志に委ねるように勉強しなさい。神のご意志は全知ですから。されば、神のご指示を待ちなさい。その道を賢く落ち着いて歩むすべを学びなさい。

受容

苦痛や損害を受けて、プリプリ怒るのは小我の常です。だが、神のはからいの英知を信じて、満腔の愛をもって神に身を委ねる者は偉大な進歩を遂げます。現世のものなど及びもつかぬ深甚の平和で彼は満たされます。

神はお見捨てにならない

神が子等をお見捨てになることは決してありません。自分の我意のままに事を行おうとしてはなりません。自分の環境も、自分の現世的欲求のとおりになれかしと、求めてはなりません。そうではなくて、神は究極において幸福になる道を導いて下さるのだと、この信頼をお持ちなさい。

貴方の準備ができた時に

神に受け入れられる時というものがあります。これを覚えておいて、神に従うことを学びなさい。神は決定的にその子等より賢明です。また、そのご計画は完璧です。神の皆さんの人生に対する目的とは、霊的成長、霊性の進歩です。貴方の準備ができた時に、神は用意なされたものを貴方の前に置かれます。

じっと待ちなさい

静かにしていることです、皆さん。平静であって、自分の道に対する指示を待つことです。こうしていれば決して誤りを犯すことはありません。だが、無茶に突進していけば、悲劇が起こります。そんなことをすれば、間違いなく痛い尖った物にぶっつかりますからね。人が失敗するのはこれです。辛抱して待つことを学ぶまで、人は痛い目にあいましょう。

神はもっと良いものを下さる

貴方が何かをあきらめる破目になったら、つまり、神がその物をお取り除きになるのなら、神のこの大いなる愛に身を任すことを悟らねばなりません。神はもっと良いものを自分の人生に与えて下さるのだと知って、内在の平和に住むことをおぼえねばなりません。

神よ、み心のままに

皆さん、神は計画をお持ちです。神は常に計画をたてておいでになります。従って、物事が自分のもくろみ通りにいかない時は、ジタバタせずに、身を状況に合わせなさい。これは自分の責任を放棄せよということじゃありません。自分に出来るだけのことをやって、あとは神に任せなさいということです。人間の手を離して、神様のなすがままに任せなさい。

祈り

一般に祈りというと、自分の望みとか、自分のためになることばかりを祈ります。「おお神よ、下さい、下さい、下さい。健康にして下さい、幸福にして下さい、これこれの物を下さい、欲しい物は何でも下さい。おお神よ、そうすれば私も神のお望みどおりに致します」と。そんなことを祈らず、次のように祈りなさい。「父よ、愛する神よ、私をおんみに委ねます。神のご意志のままに私をなし給え」と。

幼き友よ、うまくおやり

苦しんだり損したりすることがよくありますが、それは貴方が手控えしなければならない事に執着するからです。だが、ひとたびこれを放棄する気になったら、今度は新しいチャンスと大きい幸せを手にすることになります。私共はこう申しておきたいのです、「その時、大師は弟子の頭に手を置いて、うまくやりなさい幼い友よと、こう言っておられるのですよ」と。

カルマを喜びなさい

皆さん、カルマとはまだ学習していない教訓のことです。この学習は平静な精神で対処せねばなりません。貴方のカルマを喜びなさい。神に感謝しなさい、学習のチャンスが与えられたことを、カルマを処置する機会が来たことを。これこそ、貴方が大白色霊団の館《やかた》へと登って行く階段なのですからね。

貴方は光を待望している

皆さんは熱心に祈っておいでだ。自分の問題が取り除かれるようにと。つまり、皆さんは光へと、素晴らしい霊的歓喜へと入って行きたいと思っておられるからだ。だがお分かりにならぬかな、こうしたいろいろの外的問題を通過しなければ、貴方の目は開かれることなく、天界の真相を見る目はつくられないということをです。この鍛錬過程を通過して初めて、人の目は開かれ、味を味わうことが出来るのです。それ故に、試練と痛みを神に感謝しなさい。これによって今貴方の魂は鍛錬されつつあります。やがて天界生命の美を理解し吸収する者となる、その日のためにです。

放棄

強くなっていく魂は、つまり内部で炎が明々と燃え上がっている魂は、平然としてすべてを投げうって顧みません、哲人のように喜びに満ちて。このような賢明な魂には分かっていてるのです、失われるものはもう目的を果たしたということ、この先にもっと良いものが待ちうけているのだということ。その良い事とは、霊的な事だか物質的な物だかは分かりませんが。平静心をもって、この十字架に直面するようにしなさい。過去の灰の中から、新しい生命は生まれるものです。

九、大師は神の善と、狂いなき計画を信じて、忍耐している

用意していなさい

神のご意志を受け入れるように、貴方の前に置かれる道を受け入れるように、いつも準備していなさい。このほかに道はないと知って、柔和にその道に従いなさい。大いなる栄光の神霊を信頼しなさい。

あとは神にお任せすること

法の働きに狂いはありません。それ故に、自分のベストを尽くしたら、そのあとは神の慈悲に、英知に、愛にまかせなさい。私には自分の良い道が分かっているなど、決して思わぬことです。神のみがそれをご存知です。神は貴方の必要に応じて送って下さいます。謙遜であれ、忍耐しなさい、信じなさい。

仕上げは神に委ねなさい

大きな総体的な目で生命を考えなさい。貴方が無限を理解しようとしても出来ることじゃありません。しかし、次の単純な事実なら皆さんにも分かります。すなわち、天界の方々への祈り、想い、熱望、これらは決して失われないということ。貴方が祈ったり瞑想したりして接触するや否や、天使らが集まり、貴方の熱望を満たそうと、真実の祈りに答えようと致します。その答えは必ずしも貴方の望みどおりのものじゃないかもしれません。しかし、もっとずっと良い形で返って来ます。もし貴方が安んじて自分の祈りの仕上げを、神や天使らにお任せするつもりなら。

神のよしとされる時

何事も正しい時に、神が受け入れられる時に起こります。その時がいつかは、地上にある皆さんには必ずしも分かりません。しかし、もし霊の導きに従うなら、忍耐して行動の明確な指示を待つなら、正しく人は導かれるのです。

心静かに神の中にあって生きなさい

忍耐の本当の意味は、神は常に私を見守っていて下さる、この確信です。偉大な白光の霊であられる神は常に貴方の傍に、貴方の中に居られて、貴方の魂に賢にして美なる目的を遂行しておいでになります。目的地点に行くのに出来るだけ早く行かねばならぬなどと、そんな気持ちで人生を生きないことです。毎日、毎時、毎分を、神がお守り下さるその愛の中で、心静かに生きることです。その時その時の現在を生きること、また一時に一つの事を平静にすること、これです。

決して疑わぬこと

きっぱりと棄てなさい。思いを尽くし、心を尽くし、魂を尽くして神を愛しなさい。そうすれば奇跡が起こります。肉体だけじゃありません、生活の上にも、仕事の上にも起こります。

神の御業

すべて、素直さと自己放棄の問題です。すなわち人生を安定して心静かに生きる、この問題です。これは努力をしないという意味ではありません。正しい努力をする、即ち神の光を自分の感情と想念と行為にあらしめる、そうした絶えざる努力を続けるという意味です。これは一つの立場を維持しつつ、次のように言うことを意味します。「神のみが偉大である。私は無である。わが人生にあったすべての良きことは、神の御業である」と。

すべては良し

すべての疑念を越えて、こう知りなさい。神は愛であること、神を愛する者にはすべての事がうまく作用する、ということ。貴方の人生にも、全人類の生活の上にも、神法が働いていることを見なさい。常に善を望み、神を待望しなさい。そうすれば、神の大いなる愛が人類進化の目的のために、実にうまく実に美事に、働いていることが分かりましょう。

隠されている祝福

暗い出来事の背後には、苦難の背後には、その一つ一つに祝福が隠されています。そのように神を信じ切るところまで、神を信じねばなりません。神がよしとされる時、正しいその時には、神の魔術が働くのです。その時、暗い屍衣が落ちて、輝く天使が待ち受けている、そう知りなさい。すべての背後には、神の生命の栄光があります――すべての生活の出来事に光あらしめ給う神の魔術が。

心の中の光に従いなさい

皆さんの失意と苦しみ、皆さんをとらえている苦しみ、これを我らが知らないとお考えなさるな。霊である私共には、皆さんには試練があることが分かっています。肉体はいつでも調子よく働くものではないことも知っています。物質生活とはやっかいなもんだということもわきまえています。皆さん、私共は皆さんにピタリと波長を合わせているので、皆さんの気持ちは手にとるように分かります。皆さんの困難と問題が何であるかは分かっています。しかし、私共はあらためて皆さん方お一人ずつに保証しておきたい、もし皆さんが心の中の光に従うなら、万事はうまくいくのだということ、この事です。

笑いとばしなさい

何事も正しくうまく進まなければ、笑いとばしなさい。思い切りよく吹きとばしなさい。だが、目はしっかりと神にすえておき、万事は正しく進むんだと、こう心得なさい。何事も正しく進みます――これが真理です。

一羽の雀も落ちません

貴方は貧乏を恐れますか。生活の資にこと欠くことがこわいですか。皆さんに食を与え、着る物を与えているのは誰でしょうか。それは大神霊、この方の外にございません。神は決して貴方を見捨てたりはなさいません。もし、貴方の方で神の生命に調和し、神の愛と英知に身を任せるならばです。神は皆さんの必要のすべてをご存じです。そうして、その必要を満たすことで、いささかも誤ることがありません。その供給を断ち切るのは貴方の方です。神はあらゆるものの源泉なのですが、貴方が霊的にも精神的にも、また物質生活の上でもこの事実を忘れるからです。

万事が善へ向かって働いている

物事というものは、必ずしも人が予期したとおりの結果にはなりません。しかし、神の道は正しいという知識だけは胸にたたんでおかねばなりません。神を愛する人には、万事が良い方へと働くものです。これでやっていけば、事は必ずうまくいきます。このような人は自分を神に結び付けているから、何事もうまくいくわけです。

まず、神の国を求めなさい

怖れも心配も持ってはいけません。貴方の命も物事も神の御手に委ねなさい。まず何はさておき、神の王国を求めなさい。すなわち、神との交わりの聖餐台を求めて、貴方の心に貴方が日々の物事に立ち向かう力を得なさい。もし神を信頼するなら、神の力が貴方の全心身に流れ入ります。貴方の全人生の出来事の中に流入します。こうして、貴方は心の平和をしるものとなりましょう。

神の英知

過去を振り返り、物事の結果を見てから、「よくまあ、疑ったもんだ」と言うことは易しいことです。しかし、神が自分の人生を英知をもって導いていて下さることを、信頼しなければならないのは、物事が進行中の今なのです。経験をへてみれば、天界のテーブルに並べられた果実を味わってみれば、何一つ変更できるものはなかったことが分かるでしょう。もし人が我意をもてば、大きな混乱と苦痛を生み出します。しかし、憐れみをお持ちの神は、その人をも守っておいでです。

喜びの担い手であれ

皆さん、悲観的な気持ちになってはいけません。人は喜びの運搬人です。ですから、がっかりしたり、世の中を陰気に考えたりしてはいけません。人類の進化は堅実に進行していますす。ですから、皆さんはいつも進歩に目を向けていなければなりません。その美、その善が働いていることに目を向けねばなりません。

同胞団の我らには分かっています

私達は地上生活の悲しみや悩みを知っているし、理解もしています。理解しておればこそ、皆さんの意志や欲求を、神意に委ねるようにと、皆さんに求めるわけです。私共は、人生には何一つ偶然に起こるものはないことを承知しています。すなわち、すべての出来事は確然たる霊的法則に従って生起しています。皆さんが恐怖や心配で気が張って疲れるのは、それは自分の霊が辿るべき道筋が先の方まで読めないからですね。神には皆さんの必要のすべてが分かっています。神の使徒たちも奉仕をせんがために常に地上にあり、人類の幸福と進歩のために働いているのです。この天使達が必要としているのは、人間の側における愛の協同であります。

恐れなさるな

自分の人生の先行きを心配しなさるな。神は皆さんを、その全人生を今まで見守ってきて下さっていますからね。皆さんの方ではビクビクしていても、神はあらゆる試練を通じて、皆さんの人生の悲しみを越えて、ここまでつれて来て下さっていますからね。ですからこの後も、皆さんを暗い谷間を越え、光明の中へと神は必ずつれて行って下さいます。

先行き

私共は人類のすべての問題のなり行きを、確信をもって語ることが出来ます。それは我々が、人類の全生活が、その働き完全な神法により支配されていることを、承知しているからです。この神法の目的は、男も女もすなわち全人類家族を導いて、神の自覚にまで至らしめることです。後を見なさるな。後を見るなら、「わが過ぎ来し道の何たる美しさよ」と、こうお言いなさい。過ぎたことを悔やみなさるな。皆さんは前進をつづけているのです。もう一度幸福を見出すために、生命の道を旅しつづけながら。このたび発見する幸福は、倍加し高まった途方もない幸福です。

感謝しなさい

貴方の心を尽くし生命を尽くして、神の生命と神の栄光を思いなさい。そうすれば、もうどんな恐怖もありません。感謝をしなさい。感謝をすれば、それがまた恐怖を追い出すことになりますから。感謝しなさい。そうして、天なる父が貴方の必要をご存知であることを思い浮かべなさい。そうすれば、貴方の必要とする一切が与えられましょう。

幸福

幸福とは己が心の中に神を顕現することです。幸福とは、神の賛美と神への感謝、神への信、すなわち神を受け入れることの結果です。それはまた神の愛を静やかに平穏に完成することです。これにより、魂には言葉につくせぬ完全な幸福が訪れます。神とは幸福です。

ホワイト・イーグルとは誰か

グレース・クック

今日では、ラジオやテレビに私共はすっかり馴れてしまいました。スイッチを切り替えて、世界中のプログラムを見聞きすることは、当たり前のことです。でも、初めてイヤホーンを手にした時の驚き、あの珍しさ、それを覚えておいでの方もいましょう。遠くからの人の声が聞こえるなど、それは全くの奇跡でした。驚きというか驚異というか、そんな気持ちでした。

その後、部屋に設置する拡声器が発明されました。スイッチを入れると、声がそこから出て来るのですね。最初に他人の声のようにアナウンサーの声を聞いているのですが、その人の人柄とか性格が伝わってくると、後には友人かよく知ってる人の声に聞こえてくるのです。で、親しみがひどく湧くものです。ですから、それが切り変わって馴染んだ声が聞こえなくなると、何かを失くしたような気になります。

人の声は強力な伝達手段です。意識しようと意識しまいと、聞く人の魂に感応を及ぼします。その響きによって、心淋しい人を慰めたり、病人を癒したりもできます。ある場合には、声の響きが、心霊力を発揮して、次元の違った世界に私達を連れて行ったり、他界の住人との交流を可能にしたりもします。

そういう声が、ホワイト・イーグルの声です。ホワイト・イーグルとは、ある人格に与えられている名前です、今日では世界の沢山の人に知られていますが。彼は私を通して話します。私の脳とか発声器管を使って通信を伝えて来るのです。これは私がしゃべっているのではないのです。私はああいうふうには話せませんから。ホワイト・イーグルは粗野な話し方、冷たい言い方は致しません。人をとがめたり裁いたりは決して致しません。脅すような言い方、悲観的な物の言い方は致しません。そうではなくて、常に希望に満ち、優しく愛に満ちた話し方をします。また、人間の甘いも酸いも噛み分けていて、静寂の中に威厳をもって語ります。

その話にこめられている英知や知識の深さから察するところ、これは霊的にずっと進歩した高いところから来る教えだなということが感じられます。

イーグル霊自身はそんなことは申しません。彼は素朴で優しくて愛情の結晶のような人柄で、自分は道具にすぎないと、次のようにいつも繰り返しているのですから。「良いものは神様だけです、神が働いて語っておられるのです」

通信は四十年ほどの間つづきましたが、首尾一貫していて、人間の生きる道を説き続けてきました。この道に従えば、人は幸福になり、健康になり、何事もうまくいきます。心にとめて頂きたいことは、いつの時代にも、新しい啓示は、そのために選ばれた人達を通じて伝えられてきたということです。

　人間の発声器管をどうやれば使えるのですかと尋ねられた時、イーグル霊はこう言いました、「私が使っているこの人物は、過去の前生で私と縁があったのです。幾多の前生を通じて、私の代弁者となるように修練を重ねてきました。私達（発信者とその器管）の間には、完全な調和、一体化があるのです。通信をする時は、私は彼女に近づきまして、金色の光の円盤に向かって話します。その円盤は彼女の後頭部にあります。それはエーテルのマイクロフォンというわけでして、人間の魂と肉体の神経組織から抽出された素材で出来ています。これは物質の精妙なもの、換言すると、物質よりも高度な波動をもった物質ということです。ですから、地上の人間の目には見えません。通信したい時には、使用する霊媒に密接して、後頭部に見える金色の光の円盤に思想を集中させますと、それが霊媒の声を通じて声となって出ていきます。これがレコードやテープに録音されますと、聞いた人が、まったく他界人の声を聞くようだと言います」

　このようにして、ホワイト・イーグルの声が地上で耳に聞こえます。これを聞いた人は、その内容や態度や語り口からして、これは他界から、それも高級世界からのものだと、そう受け取ります。

ホワイト・イーグルという名前は、霊的な意味、すなわち霊師というような意味があるから、使うのだと聞かされています。特に、古代のアメリカ・インデアンの種族の間では、よく知られている名前だったのです。あるアメリカ・インデアンから聞いたことですが、インデアンの伝説では、ホワイト・イーグルという名は「霊師」を意味するのだそうです。「白鷹（ホワイト・イーグル）は太陽に向かって飛ぶ」と、彼はそう言っていました。

古代の密儀では、白鷹は人間のもつ高い心霊的な霊力の象徴でした。内的な神秘の世界が霊視できる能力者を意味するものでした。また、白鷹はアクエリアス新時代と聖ヨハネのシンボルでもあります。魚は「うお座」の時代のシンボルでしたね、それと同じことです。ホワイト・イーグルはアクエリアス新時代、すなわち霊性の時代、人類同胞の時代に、人類を導くその準備のために来ています。

さて、これまで私達が言ってきたことですが、白鷹は聖ヨハネのシンボルです。ヨハネ福音書には、人間内在の力の秘密が語られています。人がこの潜在力を開発すれば、神愛のもつ力が理解できて使えるようになります。神の愛、それによって人は人類同胞と高い霊性の新時代の扉を開くことになるのです。

私共の信じるところによると、ホワイト・イーグルはマヤの酋長として生きていた時代があったということです。この詳細については『光り輝く方々』の本の中に記されています。その時代、彼は「羽をもつ蛇」すなわち古代英知の秘伝者だったということです。彼はまたフランスにも再生していたことがあります。その時代、彼は六条の尖光星をシンボルとした特殊の聖同胞団に所属していました。ギリシアでも、またエジプトでも、彼は教師であり哲人でした。北米インデアンの時代には長命でして、彼の話によるとイロコイ族六部族の中の一酋長だったということです。その時代の彼は、インデアンの和合統一という使命を帯びていたのでした。

ある時、彼は自分が死ぬ時の話をしてくれたことがあります。「その時が来て、私は神が私を呼んでおられると感じた。そこで、けわしい山に登って行った。その麓に私どもは住んでおったのだが。山の上には洞穴があってな、瞑想の期間中には私はよくそこへ引きこもったものだ。またあの世の祖先の方々と語り合うためにもな。私にはお召しの時が来てることが分かっていた。それで日の出前に家を出て、湖水のところから、石ころだらけの山の道を登って行った。一日中ゆっくりと森の中を通って行った。森には鳥がさえずっておって、けもの達がたくさん道を横切ったり、大きな樹に登ったりしておった。日暮れ近く、私は目ざす隠遁所に着いた。岩の中にえぐられた洞穴だ。その洞穴から山々を見渡した――目の前に峰々が連らなっており、今しも日没とともに立ちこめる茜色の霧に包まれておった」

「私は幸せな気持ちでそこにじっとしていた、わが人生を導き給うた神への感謝の気持ちで一杯でな。夜が来た。私は眠った、安らかな心地よい眠りだった。それから、つぶやくような声で目が覚めた。目を開くと、私は一人でいるのじゃなかった。同族の人達に囲まれているのだった。気がつくと、皆ぴかぴか輝くコートを着ているのだ、金色の飾りがついていて、頭には白い柔い羽毛の頭飾りを付けている。顔も衣類も柔かな光で輝いている、その光はそのもの自身から輝き出て来るのだった」

「その中の主だった人がこう言った『行きますよ、日の光の中へ連れて参りましょう』と。人々は私を洞穴から連れ出して、私達は光の道を上へ上へと、それは昇る太陽のように思えるものの中へと入って行った。それは新世界だと分かった。それは後に残してきた渓谷の姿に似ておった。ただその美しさがまるで違っていて、あらゆるところに神の生命が感じられた。そこには調和が、平和が、完全な幸福感が行き渡っていた。私の心は神の思いで、この至高至美の生命の創り主であられる神の想いで一杯になった」

「生前の渓谷での生活は概して平和で幸福なものだった。だがこの新しい生活は、その静寂といい、浄らかさや輝きといい、比較にはならぬものだった。地上での外衣（つまり肉体）は、抜け殻となって洞穴の中に残され、分解されて、自然の要素の中に吸収されていった」

ここにホワイト・イーグルの死ぬ時の話を記したのは、読者の皆様に、死の生々しいそして幸せな面を伝えてくれると思ったからです。ホワイト・イーグルは今も生きております。そうして、本人自身がこれぞわが幸せと称している人類への奉仕、これを継続しております。過去幾多の現世でそうだったように、現在もかわらぬ奉仕が続いています。ずっと続けますよと、イーグル霊は私共に保証しております。病気を癒された人達、死後の生存の証拠を与えられて慰められた人達、知恵と指導で魂の目覚めを得た人達、みんなみんなそういう人達の、ホワイト・イーグルはいつも変らない優しく愛に満ちた霊の友です。イーグル霊は私共に良いことばかりを教えてくれる霊の友です。

彼はいつも古代のアメリカ・インデアン酋長の姿をとっています。しかし、チベット人や、エジプト王や、卑賤な階層の信徒や、中世の錬金術師や、そういう者としても多くの人に知られています。彼の前生が誰であり何であろうと、私達にはいつだって愛するホワイト・イーグルであることに変りはありません。

（注）クック女史は一九七九年に光明の世界のホワイト・イーグルのもとに旅立ちました。ホワイト・イーグルはその後も、当ホワイト・イーグル・ロッジの仕事の指導を続けております。その名の下に活動する人達に霊示を伝える、その仕事を継続しております。

ホワイト・イーグルとは誰か

ジェニー・デント

その一

ホワイト・イーグルの霊示に触れる人達、初めてホワイト・イーグル集会所《ロッジ》に来る人達、また話の中にイーグルの名が出る時、きまって出る質問は「ホワイト・イーグルって誰ですか」これです。恐らくこれは聞いて貰いたくない質問ですね。と言いますのは、とても簡単には答えられない質問だからです。指導霊ですよとか、アメリカ・インデアンですと、たいていの場合そうはお答えします。でも、質問者がどういう人か、どこから来た人か、それによっては答えが違ってきます。このシリーズでの私の話が皆さんのお役にたてばよいと思います。どんな人どんな場合にもピタリとくるような答えになりますよう、できるだけ簡明に、私が信じているホワイト・イーグルとは誰か、この説明をいたします。

ホワイト・イーグルの名前には沢山の意味があります。このことは『ホワイト・イーグルとは誰か』という小型本の中に書いてあります。著者は私の祖母のグレース・クックです。（訳者注：グレース・クックはホワイト・イーグル霊言の受信霊媒です。）祖母は次のように言っています。「ホワイト・イーグルという名は、霊師という霊的な意味があるので採用された」と、こう聞いておりますこれはアメリカ・インデアンの古代種族の間では、よく知られた名前だったのです。現在生きているアメリカ・インデアンからこう聞いています。インデアン伝説によると、ホワイト・イーグルという名は〈霊師〉を意味するのだそうです。またインデアンはこう申しました「白鷹（ホワイト・イーグル）は太陽へ向かって一直線に飛ぶよ」と。白鷹はイエスの弟子ヨハネの象徴でもあります。ヨハネ福音書には、ホワイト・イーグル集会所《ロッジ》の仕事と密接につながった、沢山の意味が隠されています。

ホワイト・イーグルの通信方法

ホワイト・イーグルはグレース・クックの指導霊です。彼女は神霊主義者（スピリチュアリスト）として成人し〈天性の霊媒〉と呼ばれました。彼女は霊視や霊聴によって、楽々と霊姿を見たり霊の声を聞くことが出来ました。近親者を亡くして悲しんでいる人々を慰めるために、ホワイト・イーグルは彼女の霊能を活用させました。グレース・クックがスピリチュアリスト教会で働くようになったのは、ほんの二十歳そこそこの頃でした。そこへ度々彼女は招かれ、集会で人々に通信を伝えました。

祖母がホワイト・イーグルと初めて接触をもったのは、まだほんの九歳の年でした。夜、大きな古い家に一人でいました。ふとゾクゾクする感じがしました。するとベッドの端に美しい光った姿があったのです。それはアメリカ・インデアンの衣服を着ていました。彼女はその姿がそこに居るだけで嬉しくなって、すぐにその人は友達なのだと分かりました。この後、彼女は度々その姿を見ました。こうして、その人がホワイト・イーグルであって、彼女の師、彼女の友であることを知りました。

年を経て、ホワイト・イーグルは彼女に一層近づき、実際に彼女の肉体と声を使って通信を送るようになりました。こうして彼女は〈入神霊媒〉と呼ばれるようになりました。彼女には、イーグル霊が自分の手や脳を使って何を語っているかは無意識だったからです。しかし、それは眠っているのではありません。イーグル霊の支配を受けて仕事をしているのでした。彼女はホワイト・イーグルのもっと明せきな霊媒となるために、自分を鍛錬せねばなりませんでした。それは丁度楽器と同じことでして、楽器は良い演奏のためには、日常からよく手入れして調子を整えておかねばなりません。祖母も身体によく気を付け、清らかな簡素な生活を守り、神への崇敬と高尚な精神の状態の保持に日常から努めていました。こうして、ホワイト・イーグルのために一番役立つ人間となっていきました。イーグル霊はこう語っています。両者は、今日のこの特別の仕事のために、多くの他生涯で、一緒に働いていたのであると。

もう一度、「ホワイト・イーグルとは誰か」に戻りましょう。次にイーグル霊が私の祖母をどういう風にして使うのか、それについて語った言葉があります。

「通信を行う時、私達は彼女に接近します。そうして、頭の後に見える金色の光の円盤の中に語りかけます。それは丁度幽的マイクロフォンに似ていて、人間の魂と肉体の神経組織から抽出されたもので作られています。これはより精妙な物質というか、換言すれば、物質より高度の波動をもった物質というか、従って人間の目には見えません。私共が皆さんに語りたいと思う時は、霊媒にぐっと近づき、思念を霊媒の後頭部に見えている金色の光の円盤に集中し、思想を言葉に、霊媒の声を通して語られる言葉に置きかえていきます。皆さんはこう私共に言ってくれています。テープやレコードに記録してみると、この声はまさしく他界の個性そのものであることが分かる」と。

さて、一九二〇年代の末頃から三〇年代の初め頃にかけて、イーグル霊は次第に祖母を使って語りつづけていき、その聡明な人間的な教示と指導で愛されるようになりました。こうして一九三六年、イーグル霊の指示で、ホワイト・イーグル・ロッジが開設されました。ロッジ(集会所)は治療、慰め、啓発を求めて人々が訪れる場所となっていきました。ロッジを開設してから以後、ホワイト・イーグルは沢山の霊示を伝えることが出来るようになりました。これら霊示は今日世界中の人々に読まれています。

イーグル霊はロッジの指導をどのように続けているのか

祖母は今日この世にいません(一九七九年に霊界へ移りました)、ですからイーグル霊は祖母を霊媒としてもう使えないわけです。しかし、イーグル霊は祖母と一緒に仕事を継続しています。二人はともに現在の指導者達に霊示を送っています。それは私の母ジャン・ホジソン、叔母のイラナ・ヘイワード達です。三人はまたイーグル霊とこの仕事のために、過去の幾多の前世及び今生を通じて準備されてきたのです。イーグル霊は今なお祖母と一緒に活動しながら、ロッジ活動の全面を指導し管理し続けています。私達この仕事にたずさわっている者達は、祖母がイーグル霊の「橋渡し役」をして、その接近に一役買っていることに気付いております。ここでひとこと申しておくべきでしょう、世間には沢山のホワイト・イーグルと呼ばれる別の指導霊がいることを私達は存じています（この名前はよくある名前で、霊師を意味しても驚くことはありませんが）、そのために人々を戸惑わせたりしています。しかし、私達のホワイト・イーグルは、彼独自の道をとって霊示を伝えております。

ホワイト・イーグル――アメリカ・インデアン

ホワイト・イーグルは私共にあまり自分のことを語ったことがありません。事実、イーグル霊は私共が、彼が誰かなどに目くじらを立てることを好まないのです。彼はいつも自己を、世界救済に活動している聖同胞団の一グループの代弁者だとしています。しかし、たいていの人は彼の生時は、アメリカ・インデアンの酋長だったと考えています。このことは、私共が持っている肖像画に描かれた彼をどう見るか、ということです。次章はこれについて更に書くことにします。

その二

前項で、私はホワイト・イーグルは自分のことをあまり語ったことはない、それは私共が彼の正体のせん索に血眼になっては困るからと、このように申しました。イーグル霊がいつも言っていることは、彼は〈同胞団〉の一グループの一人であるということです。つまり双魚宮（魚座）の末期から宝瓶宮（水瓶座）の初期へかけての、この困難な時期に地上救済のために働いている同胞団、そういうことです。

しかし、私共はホワイト・イーグルの地上での過去生について、多少存じております。祖母（グレース・クック）が著書の『光り輝く方々』の中で、これについての記憶を二つ述べています。祖母はホワイト・イーグルと一緒に住んでいた時があると言うのです。イーグルがマヤの酋長ハー・ワー・トーで、祖母はその娘ミネスタだったというのです。もう一度はエジプトでして、イーグルが神官のイス・ラーで、祖母はラーミナチだったと言っています。この二度目のことについては、もう少し言及したいと思っています。しかし、現在、彼が通信を送って来る時の人格は、ホワイト・イーグルなのです――これはアメリカ・インデアンのイロコイ族大部族連合の中のモーホークの酋長です。祖母が少女の頃、イーグル霊が初めて祖母の前に姿を現した時は、このホワイト・イーグルの姿でした。ある夜一人きりでいて、ブルブルと身震いがして、気が付くと傍に背の高いインデアンが立っていたのです。――彼は年を経るごとに身近となり、友人になっていきました。

貴方がたもホワイト・イーグルを親しく知るようになれますよ。皆さんが彼の教示を読んでいる時、瞑想して静寂の中にある時、イーグル霊が傍に威厳をもって、しかし優しく居ることに気づくでしょう。もし皆さんが内的視力が使えれば、彼が貴方の方にインデアンの衣装を着て、あるいは光の衣を着て、やって来るのが見えましょう。青い目が澄んで光っていますから、間違えることはありません。彼が来れば安らぎがあり、相手への優しい思いが感ぜられます。彼はきわめて人間的で実際的、地上生活にも通じています。恐らく彼が多数の人々の「心に響く言葉」で話す理由は、霊の目と地上の目の二つで、ものを見ることが出来るからです。彼には私達の環境が分かっています。しかも私達を、霊的なものの見方を加えることで、その上へと高めます。たとえば『静寂の心』の書の中でこう言っています。「皆さんの歩む道がどんなに厳しくても、神の生命の輝きを常に求めなさい……霊の太陽の光輝にとび入り、そうして、この光こそ貴方から湧き出る力、貴方の肉体から病気を消し、曲ったものを真っ直ぐにしてくれる生命力、そう心得なさい。」

また、ホワイト・イーグルは私共が危機に直面している時に、救いの手を差し伸べてくれます。一つは、神の愛と守護の知識を与えてくれることで、もう一つは実際に彼がそこに来て助けてくれます。必要があれば、彼は世界中にいる彼の信奉者の誰の所にだってやって来ます。霊には時空の制約が何もありませんから。

ホワイト・イーグルの肖像画

皆さんは私達が持っている、酋長の頭飾りを付けたホワイト・イーグルの絵をご覧になったことがありましょう。そして、どうやってこの絵を画いたのだろうと、不思議に思われたでしょう。これには面白い話があります。

　祖母はイーグル霊の絵をいつも欲しがっていました。イーグルは祖母にこう言ったのです。ある人が数年前にそれを描いた、やがてその絵が祖母の手に入るだろうと。それだけで祖母は満足せねばなりませんでした。それから年を経たある時、思いがけず祖母は友人からお茶に誘われました。ある人が祖母の交霊をとても見たがっているというのです。その人は祖母の知らない男性で、画家であることも、若い時は有名な肖像画家だったことも知らなかったのです。とにかく祖母の友人は、二人を自分の小さな礼拝所へ連れて行きました。すると直ぐにホワイト・イーグルがしゃべり始めました。こう語りだしたのです。

「とうとう貴方と話ができて、私はとても嬉しい。貴方は私の肖像を画いたことをご存知か？」ヴィカジという名のその男性は、そのことをもっと話してくれとイーグル霊に求めました。で、イーグル霊はこう答えました、「ずっと以前のことです。貴方は二人のインデアンの頭部を描きましたね。一つは横顔の輪郭図、もう一つは正面向きの顔の画像です。後者の方の頭飾りは鷹の羽で、先端が青と金色の白い羽です。」ホワイト・イーグルは更に言葉を続けて言いました。この羽の先端が青と金色の方の絵が自分の肖像であると。ヴィカジ氏は思い出しました。そうだ二十年ほど前に、何やら恐ろしい霊力がかかってきて、その絵を描いたということを。この絵は紙挟みの中にしまっておいたのですが、その紙挟みを見る度に、何度も売ってしまおうかと思ったのです。ところが、内部からの声がこう言ってるようだったのです。「この絵を手離してはいかんよ。まだ本当の所有者にめぐり会っていないのだ」と。こういうわけで、その度にこの絵に手をつけず、残しておいたのです。

ヴィカジ氏は、イーグル霊が祖母に、いつかイーグルの肖像画が手に入ると予言していたのを、少しも知りませんでした。しかしその後間もなく、ヴィカジ氏はいとも気前よくその絵を祖母にプレゼントしたのです。こうしてホワイト・イーグルの予言は適中しました。この絵は写真にとられたり、何度も模写されました。ですが、原画は今も神殿別館にある新しい同胞図書館内に掲げられています。

私達の友そして治療家

前に申しましたように、祖母は一九七九年に他界しましたが、なお引き続いて、ホワイト・

イーグルは私共と接触を持っていて、このロッジの仕事を指導しています。イーグル霊は現在の私達の指導者である私の母のジャン・ホジソンや、叔母のイラナ・ヘイワード、及び団体の指導者達と共に活動しつつ、霊示を与えています。イーグル霊の指導については、ロッジの歴史をさかのぼっても、また現在にもいろいろ実例がございます。新刊の『ホワイト・イーグル・ロッジ物語』には、「どのようにしてロッジは始まったか」ということが、いろいろ書かれていますが、その中にもイーグル霊の指導や予言の実例が幾つも見られます。例えば、パリのポレヤ同胞団からの使者にふれてこう述べています。

「海を渡って今人が一人こちらへ来つつあります——その人は知識も知恵も卓抜な人物です——その人が今こちらへやって来ます」。そうして一九三〇年四月に、「私の目に見えています、白い建物です。ロンドンに建ちます。いいえ——ロンドンではないですね——しかし、その基礎はロンドンですね。その白い建物は平和で静かなものです」。

この人物が、ニューランズのロッジ本部に新事務所を建設するようすすめました。それは是非とも必要なものだったのですが、実はそのとき建築資金がなかったのです。しかし、その人は資金はそこにあると言いました。実は、奇跡的にそこから発見されました。これは奇跡の一つです。このような奇跡は五十年祭の時も同じように見られました。教会の拡張と新しい事務所が完成しましたが、この時は世界中からの愛と奉仕の寄金によるもので、この結果はホワイト・イーグルの指導によるものでした。

ホワイト・イーグルに近づくための瞑想

『静寂の心』（または貴方のお好きなイーグルの書）の一節を読んで、心の準備をして下さい。上方に、六条の光芒を放つ輝く星を見つめて下さい。その光が貴方の周りをスッポリとりまいて光の小屋を作っていると感じて下さい。心を煩わすものは全部脇へ置いて下さい。こうして自分の想念を静めれば静めるほど、ホワイト・イーグルは（貴方の霊師も）貴方に近づきます。不安や心の煩いがあると、せっかく霊師達が来ても、それに気付くことができません。うんと静かに「光の下」に身を置き、イーグル霊と霊師の愛と力に自分の知覚を開いて下さい。お二人の姿が見えたり声が聞こえたりすることは重要なことではありません——人によってはそれが容易に出来る人がいるものです。しかし、すべての人は「感じること」と内的直観をもつこと、この事は誰にだって出来るようになれます。

その三

なぜ、アメリカ・インデアンの姿をしているのか

ホワイト・イーグルがなぜアメリカ・インデアンの姿でわざわざ仕事をするのか、これに疑問を感じている人達がいます。もっと別のもの、たとえば東洋の聖者のような姿がふさわしいのじゃないかと考えたりしています。一方には、アメリカ・インデアンの酋長という観念で、不快感をもってる人達がいます。また他方には、まことにむべなるかなと、そう思っている人達もいます。

ホワイト・イーグルがこの姿をとるに至ったのは決して偶然ではないのです。私の信じるところによると、現代の世界が必要とする特色をうち出していくには、インデアンの波動を

使って仕事をすることが必要なことだった、そこに大事な理由があったのです。今日ではもう、アメリカ・インデアン文明のもつ美しさや力強さについて、ずっと理解が進んできてはいます。カウボーイやインデアンの好戦的野蛮人のイメージは一掃されつつあります。学校の授業で子供達はもっと真実の正しい姿を学びつつありますから。

ここで、アメリカ・インデアン文明の性質を概観してみたいと思います。この性質がホワイト・イーグルの教示に反映されているのです。

簡素さの価値

『アメリカ大陸の太陽人たち』（※でくのぼう出版刊）という本には、アメリカ・インデアンの霊的象徴であるオハイエサの言葉が引用されています。こう言っています。「子供の時、私には与えるということがよく分かっていた。私はこの良きものを忘れてしまった。私は自然の生命の中に生きていた。だが文明開化してから、私はこの良きものを忘れてしまった。だが今は、人工の中に生活している。美しい小石の一つ一つが、その頃の私には価値あるものだった。生きている木の一本一本が崇敬の的だった。今の私は白人と同じこと、ドルで評価される描かれた絵画の景色の前に立って、これを礼拝している」

もし私達が現代世界に目を向けるなら、私達に必要なものは唯物主義から離れたところに在ることが見えてきます。またアメリカ・インデアンがもっていた簡素さの価値を取り戻すことも難しいことではありません。私達は唯物主義にぐるりと取り巻かれているので、物事の価値観が容易に狂ってしまうのです。ホワイト・イーグルの教示は、私達の生活のバランスを回復させてくれます。また、物事を「あるべきところに置く」ことをさせてくれます。ホワイト・イーグルは『静寂の心』の中で、次のように述べています。「貴方はまず第一に霊です、肉体はしんがりです。貴方の霊を光り輝かせなさい。人々が貴方を見て、そこに神性を感じるほどに」と。

自然と調和した生活

インデアンは自然と調和して生活し、〈母なる大地〉を崇敬していました。彼等は土地を人工物で汚したり、樹木を切り倒し薮を切り開いたり、河を毒したりなどは一切いたしませんでした。私達が自然界や動物界や地球の扱い方を間違えると、たいへんな恐ろしい結果を招くと知ったのは、ほんの最近のことです。インデアン達は自然霊の世界と協同して働く知識を持っていました。私達がそこに至るには、前途はまだ中々です。しかし、人間が天使や妖精と同胞だと知り、その生き方を回復することは、やがて迎える万有同胞新時代のためには、その前にどうしても学ばねばならないことなのです。ホワイト・イーグルは『アメリカ大陸の太陽人たち』の中でこう語っています。「若いインデアン達は子供の頃から、母なる大地と自然霊達への崇敬の中で育てられてきました。魂は霊界から地上へ戻って来て幼い肉体に宿ります。で、子供達の魂は数年の間は、物質をとりまく精妙なエーテルをはっきり見る視力を残しています。ですから、小さい子供達は容易に自然霊や妖精の姿を見ることが出来ます。年がたつとこの能力はうすれていきます。それは低俗な心がだんだん芽を吹いて来るからです――また、周りの大人達の無知のせいでもあります。しかし、インデアンは自然霊に理解をもち、協同して作業をしてきたので、子供達はそのままの姿で育ってきたのです。」

健康な身体と生活

インデアンは肉体とは霊の神殿と知っていたので、身体をできる限り大切にし健康を保つのは義務でした。これを酷使したり、有害なものを摂取してはいけないと心得ていました。ごく最近になってからですが、西方世界でも、これと同じ考え方同じ健康な生活の仕方が、少しずつ戻ってきました。

『アメリカ・インデアンの福音書』という本を読めば参考になりましょう。この書から一つ引用します。「完全な身体とは、しなやかで均整がとれて優雅で永持ちする、こう考えてみれば——その瞬間に、頭の中には道徳的な生活の基本が浮んできましょう。五感の快楽をうまく抑えること、これが出来なければ、青年期以後もひき続いて肉体を霊魂の神殿として維持していく望みはないわけです。この真理に立ち、インデアンは肉体訓練の厳格な組織、生活を律する社会や道徳の法を作ってきました」

更に、こうも書いてあります。「インデアンは、肉体は霊の聖なる神殿と教えられていたので、身体を青年期のピークの状態に保つよう全力を捧げました。インデアンの肉体の良いこと、また強じんなことは、他のどんな民族をも超えていました――それは、他の民族はインデアンほどに、自然に適合し、神の意図される自然の生活法に、従って生きていなかったということです。古代ギリシアで最も有名なランナーのフェイディピデスは、アテネからスパルタまでの一四〇マイルを、三十六時間で走りました。しかし、『アメリカ・インデアンの福音書』の中で、アーネスト・トンプソン・セエトンはこう言っています。彼はあるインデアン青年が、フォート・クアペルからフォート・エリスまでの一二五マイルを、急ぎの使者として二十五時間で走って来たのを見たというのです。しかも、それは格別の話題にもならなかったというのです。というのは、インデアンの青年の間では、それくらいは当たり前のことだったからです。

私共は、肉体を清浄で健康な霊魂の神殿として守っていくために、沢山のことをすることができます。若い時に良い習慣を作れば、一生涯つづきますからね。清浄で健全な食物の学習、簡素な菜食主義者の食事や、規則正しい呼吸をする〈光の樹〉のようなヨガの実習など、皆さんが幼少時からこれを始めるというわけに今はいきませんけど。

神との交流

インデアンの哲人オヒエサはこう言います（『アメリカ大陸の太陽人たち』より）、「インデアンの生活には、欠くことの出来ない一つの義務があります。それは祈りの義務――目に見えない永遠なるものを毎日心にとめておくという義務です。」またホワイト・イーグルもこう言います。「昔は皆そうでしたが、男も女も静かな時をよくもとうとしました。私達のインデアン時代には、人々の幸福のことを心に思いますと、高い山に登って、日の出や日没時に瞑想しました。そうして、その祈りの答えが得られるまで、その場を立ち去らなかったものです」

現代の私達には困難がいろいろあります。物質的な事柄や現実に目を向けることが重要な事になっていますから。霊的な勉強や訓練には時間がかけられません。関心も向けにくくなっています。しかし、インデアンを見習うことで、多くの助けを得られます。『太陽人たち』にはこう書いてあります。「インデアンは自然と交流しました。美しい山野の景色や海の景色を眺めます。水におどる光を見つめます。小鳥の声に耳をすまし、日の出や日没に見入ります。そんな時、彼等の霊魂は深い喜びにひたされており、日常生活をひたす平和と喜びの心はこれらを通じて培われていったのです。このように、インデアンは自然と一体となって、その交流の中で生活していました。従って、神があらゆる所に居られることが理解できていました。そのことは、現代の私達よりずっと容易なことだったのです。彼等は平和で静かな生活の仕方を守り続けました。それで、常に内的な霊の世界と交流することが出来たのでした。」

おそらく私達もいつの日か、この同じ生き方を取り戻すことになりましょう。

ワンネス・ブック シリーズについて

ワンネス・ブック シリーズ について

すべてのもののいのちは一つ（ワンネス）という視点を失った人類が、今、地球に君臨している。鉱物・植物はもちろん、動物もゼンマイ仕掛けの物質と考える文明が科学を生み、科学を手にした巨人（料理人）が、今、物体地球を好みに合わせて料理して食べている。動物・植物の種の断絶の進行、地球温暖化、オゾン層ホールの拡大、癌・エイズなど変成疾患や耐性病菌の増大、核兵器による不断の脅威。これら素材を殺した科学料理のゴミ処理に、今、巨人は立往生している。

すべてのもののいのちは一つ（ワンネス）、地球はまるごと生き物である。この古代ギリシアと東洋の英知に、今、巨人は活路を見出さねばならぬ。だが、科学料理の味に馴れきった地球人の舌には、ピリリと香料のきいた科学的な人間不滅の証明から始めねばなるまい。

そこで、近代心霊研究（霊魂実在の証明）、スピリチュアリズム（墓場を越えてつづく人生）、ネオ・スピリチュアリズム（人間、動植物、地球のいのちは一つ）のフルコース、ワンネス料理を提供する。デザートには、愛の宇宙法則（地球を愛の星にするライフスタイル）で仕上げをして、地球を第四次元的世界（楽園）に導く。

本シリーズは、桑原啓善が「生命の樹」グループで説いた、講話集をもう一度陽の目を見させるために新装再刊したものである。

駄足だがここには、宮沢賢治の「みんなむかしからのきやうだい」だから、人がデクノボー（無名の奉仕の人）になって生きれば、「みんなの本当の幸福」が実現できるという、賢治の夢が重ねられている。

桑原《くわはら》 啓善《ひろよし》（ペンネーム　山波言太郎）

一九二一年生まれ。詩人、心霊研究家。一九四二年より前田鉄之助の「詩洋」同人。日本詩人クラブに一九五〇年創立の年より所属。不可知論者であった学生時代に、心霊研究の迷信を叩こうとして心霊研究に入り、逆にその正しさを知ってスピリチュアリストになる。浅野和三郎氏が創立した「心霊科学研究会」、その後継者脇長生氏の門で心霊研究三十年。

一九四三年学徒出陣で海軍に入り、特攻基地で戦争体験。一九八二～八四年一人の平和運動（全国各地で自作詩朗読と講演）。一九八五年「生命の樹」を創立してネオ・スピリチュアリズムを唱導し、でくのぼう革命を遂行。地球の恒久平和活動に入る。一九九八年「リラ自然音楽研究所」設立。すべての活動を集約し二〇一二年「山波言太郎総合文化財団」設立。二〇一三年他界。

訳書『シルバー・バーチ霊言集』『ホワイト・イーグル霊言集』『霊の書』上下巻『近代スピリチュアリズム百年史』他。著書『人類の最大犯罪は戦争』『日本の言霊が地球を救う』『宮沢賢治の霊の世界』『音楽進化論』他。詩集『水晶宮』『同年の兵士達へ』『一九九九年のために』『アオミサスロキシン』他。

でくのぼう出版

〈ワンネス・ブックシリーズ〉全6巻　桑原啓善

1
人は永遠の生命 新装版
本当の幸せって、何？
桑原啓善 著

死と死後の世界、霊魂の働きがいかに人間の運命と深くかかわっているかを優しく解説したネオ・スピリチュアリズム入門。神を求める人、人生を生きぬく道を模索する人に最適。●1200円+税　240頁

2
神の発見
桑原啓善 著

宗教から科学の時代に移った。だが、科学は物質の中から物神を創り出した。本当の神は貴方の中にいる。大自然界の中に在る。本当の神の発見。●1143円+税　346頁

3
人は神 新装版
桑原啓善 著

人は肉体の衣を着けた神である。この一事を知るために人は地上に生まれた。ネオ・スピリチュアリズムの神髄を語る講話集。●1200円+税　288頁

4
ホワイト・イーグル 天使と妖精 新装版
グレース・クック
桑原啓善 訳

宇宙は人間ひとりのためにつくられてはいない。見えない世界の天使や妖精、これらが我々とワンネスになって生命を構築している真実にそろそろ我々の目を向けよう。●1200円+税　224頁

5
ワードの「死後の世界」 新装版
J・S・M・ワード 原著
桑原啓善 編著

地獄（死後の世界）を伝えるめずらしい霊界通信。実在する人物が地獄のどん底まで落ちて這い上がった記録。もう一つの人生の指針。●1200円+税　232頁

6
ホワイト・イーグル 自己を癒す道 新装版
桑原啓善 訳

身体と魂を癒す神の処方箋。病気は心因に端を発し、その最奥には霊的な始原因がある。永年にわたって版を重ねてきた癒しの名著。●1200円+税　248頁　●関連CD発売中〈朗読・桑原啓善〉

ワンネス・ブック シリーズ 第六巻

自己を癒す道

一九九九年 五月 一日 新版 初版 第一刷 発行
二〇二二年 一二月 二五日 新装版 第五刷 発行

訳 者 桑原 啓善

装 幀 桑原 香菜子

発行者 山波言太郎総合文化財団

発行所 でくのぼう出版
神奈川県鎌倉市由比ガ浜 四―四―一一
TEL ○四六七―二五―七七〇七
ホームページ https://yamanami-zaidan.jp/dekunobou

発売元 星雲社（共同出版社・流通責任出版社）
東京都文京区水道 一―三―三〇
TEL ○三―三八六八―三二七五

印刷所 シナノ パブリッシング プレス

ISBN978-4-434-23934-2